教育部哲学社会科学重大攻关招标课题"中国道德文化的传统理念与现代践行研究"（08JZD006）阶段性成果

公务员职业道德培训丛书

李建华 李建国 主编

勤政论

勤政作为"官德"的一个范畴，应该怎样理解，怎样建设，从而内化为从政者的思想，外化为从政者的具体实践，本书对此进行了深刻的探讨与研究，并就如何坚持"以德为先"等诸多问题，进行了具体阐述。

周灵方 著

传统与现代的交锋，理想与现实的碰撞。

古今中外，旁征博引，视角独特。

且看本书如何论道"勤政"。

华夏出版社
HUAXIA PUBLISHING HOUSE

图书在版编目（CIP）数据

公务员职业道德培训丛书. 勤政论 / 李建华, 李建国主编；周灵方著. —北京：华夏出版社，2013.1
ISBN 978-7-5080-7277-7

Ⅰ.①公… Ⅱ.①李…②李…③周… Ⅲ.①公务员—职业道德—中国—学习参考资料 Ⅳ.①D630.3

中国版本图书馆CIP数据核字(2012)第253779号

公务员职业道德培训丛书·勤政论

主　　编	李建华　李建国
作　　者	周灵方
总 策 划	袁　伟
出版策划	嘉伟文化
责任编辑	刘晓冰
特约编辑	黄湘琳
出版发行	华夏出版社
经　　销	新华书店
印　　装	北京汇林印务有限公司
版　　次	2013年1月第1版　2013年1月第1次印刷
开　　本	710×1000　1/16
印　　张	13印张
字　　数	151千字
定　　价	25.00元

华夏出版社　网址：http://www.hxph.com.cn　地址：北京市东直门外香河园北里4号　邮编：100028
若发现本版图书有印装质量问题，请与我社营销中心联系调换。电话：（010）64663331（转）

目 录
Contents

序

第一章 从政之要：勤政的伦理意涵

一、政之所要：勤政的伦理内涵//016

（一）勤政的词义与语境//016

（二）勤政的伦理内涵//020

二、实与巧：勤政的两个层次//024

（一）勤政能力的互涵//024

（二）勤政能力的提升//038

三、德与才：勤政的道德基础//041

（一）德才之辩：一个永恒的话题//041

（二）德主才辅：勤政的伦理分析//051

（三）以才观德：勤政的伦理意蕴//059

第二章 为民：勤政的内在德性

一、民为邦本：勤政为民的理论溯源//067
  （一）儒家的民本思想//067
  （二）传统的君民理论//070

二、为谁勤政：从政官念的道德分化//076
  （一）从政的官念分化//077
  （二）勤政的两个极端//078
  （三）勤政的道德底线//080

三、勤政为民：居官为政的不二选择//083
  （一）为人民服务的宗旨理念//084
  （二）无私奉献的公仆精神//086

第三章 政绩：勤政的伦理审视

一、勤政与政绩：官无政绩应为耻//092
  （一）政绩的构成要件//092
  （二）政绩的道德评议//096
  （三）官无政绩应为耻//100

二、政绩与官责：从政绝不做庸官//105
  （一）官责：官德之魂//106
  （二）官僚主义与行政低效率//109

三、实政与虚绩：对政绩工程说不//114

（一）政绩工程的危害//115

（二）勤政误区的避免//120

（三）勤政理念的塑造//126

第四章 为政以私：失职行为的道德批判

一、庸政、懒政、昏政：失职行为的"罪与罚"//130

（一）失职行为的三种典型//130

（二）失职行为的"罪与罚"//143

三、积习文化与制度乏善：失职行为的道德归因//148

（一）历史积习的影响//148

（二）行政文化的错位//153

（三）社会制度的乏善//159

三、理念塑造与制度补缺：失职行为的防范治理//166

（一）涵育良好的行政文化//166

（二）完善有效的外在制度//169

第五章 走向善政：勤政之路何以实现

一、学思与践行：勤政能力之培养//173

（一）学//173

（二）思//176

（三）践行//178

二、自我与他者：勤政绩效之考察//180

（一）勤政绩效的自我评价//181

（二）勤政绩效的他者衡量//184
三、激励与约束：勤政制度之构建//189
　　（一）建构正义的勤政制度//190
　　（二）建构高效的勤政制度//191
　　（三）建构利益激励的勤政制度//197

参考文献//200

Foreword 序

随着中国政治体制改革的深入，政治权力的构建与制约越来越需要道德的规范，特别是对公共权力的执掌者——官员——的德性要求也越来越高。近年来，公务员职业道德问题成为社会关注的焦点之一。如何有效加强公务员道德建设，防止官员腐败，树立良好的政府形象，是一个亟待解决的问题。

一、官德是社会的主体性道德

从社会成员的分层来看，官员是社会道德活动的主体；从社会道德的层次来看，官德是社会的主体道德。官德的主体性地位，首先是由官德的社会价值决定的。由于官员在社会生活中处于领导地位，手中掌握着权力。他们既是群体利益的代表者和维护者，又是群体意志的体现者和协调者，也是群体活动的组织者和教育者，还是群体关系的设计者和执行者；他们对社会的人、财、物等方面进行全面领导、管理、协调和服务。所以，"政治路线确定之后，干部就是决定因素"。正因为这种"决定因素"，社会和人民在道德上对他们赋予极高期望，官德在社会生活中，尤其是道德建设中起着举足轻重的作用。在改革开放和建立社会主义市场经济体制的今天，如果说当代中国社会发展中的道德建设已经引起人们的极大关注和忧虑，那么，公务员职业道德建设就是当代道德建设中的关键性问题。

公务员的职业道德取向直接显示着社会的道德导向。就当代中国社会道德发展状况而言，在确定了社会主义市场经济目标取向以后，受经济活动方式直接影响的道德建设，正处在新的定位过程中。道德规范和要求以及道德学说，被充实完善者有之，吸纳补充者有之，更新替代者有之，摒弃不用者亦有之。社会的不同阶层及成员如何在这一过程中判断社会的道德导向，并决定个人的道德取舍呢？他们既不可能再去因循计划经济体制下的道德规范，又对市场经济条件下的道德要求缺乏应有的理性认识。处于社会领导职位、担负不同领域和不同社会层面领导职务的领导干部的道德取向，在这种情况下就凸现出其导向作用。一方面人们从其道德言论中感悟社会所倡导的道德要求；另一方面人们又从其道德行为中判断善恶是非。公务员职业道德建设不仅显示了社会道德建设的主题，而且成为社会道德建设的重要组成部分，它对自身问题的解决，无疑会推动整个社会道德建设的全面开展。同时，由于官德在社会道德体系中的特殊地位，官德建设取得的成效，具有社会道德建设中其他内容均不可能具有的强烈示范效应，从而增强社会成员的道德建设信心，推动道德进步。

其次，从政治性角度分析，官德在本质上是一种政治道德，而政治道德始终处于社会道德的核心地位。

在中国的传统道德中，政治和道德是融为一体的，表现出明显的伦理政治化和政治伦理化的特征。伦理政治化就是通过把伦理产生的一切社会功能和文化功能与政治联系起来，扩大和加强伦理的政治功能，来保证封建政治制度能够在一系列伦理原则的规范和调节下有序地运行；政治伦理化则是把封建统治的政治目的、政治权力、政治秩序等归结于伦理观念，进而从伦理的角度证明封建政治制度的合理性。难怪一些思想家把德治、政德看作是国家兴亡的重大问题。在我国最早的一部政府重要文件及政治论文选编——《尚书》中，就提出了"德惟治，否德乱"的主张，即为政以德则治，不以德则乱。孔子也强调："为政以德，譬如北辰，居其所而众星拱之。"[1]汉代大思想家董仲舒再三说："以德为国者，甘于饴蜜，固于胶漆。"[2]这种思想观念一直延续到近代。孙中山先生就明确指出："有了很好的道德，国家才能长治久安。"[3]但道德对国家政治的重要作用，要靠人去实践，政德要靠为政者去实践，为政在人，因此，官德是关系国家兴亡的大问题。如以周公为代表的周初统治者，总结了夏商灭亡的教训："惟不敬厥德，乃早坠厥命。"[4]为此，提出"以德配天"的理论。"皇天无亲，唯德是辅"[5]，官德成为社会安危治乱的决定因素。司马迁在《史记》中，通过对先秦历史变迁、政权兴衰的总结得出了"有德者昌"、"饰诈者亡"、"修身而天下服"等结论。中国传统文化中的伦理政治、贤人政治与现代民主政治是相冲突的，但始终强调政德、官德的主导作用是非常有益的。事实上，在资产阶级道德中政治道德也占据核心地位。1893年，罗伯斯庇尔在建立法国资产阶级政权之际，即首先向议会发表了《关于政治道德的各项原则》的施政演说。他认为支持和推动政府的主要动力是爱祖国和法律的美德，要用美德来管理国家政治生活。当代美国政府也十分重视官德建设，并用立法的形式加

---

[1] 《论语·为政》。
[2] 《春秋繁露·立元神》。
[3] 《孙中山选集》，人民出版社1981年版，第679页。
[4] 《尚书·召诰》。
[5] 《尚书·蔡仲之命》。

强公职人员的道德责任,比如1976年公布的《公务公开法》,1978年颁布的《公务道德法》、《政府道德法》和1980年通过的《公职人员道德法》。无产阶级的政治道德是有史以来人类最崇高的道德,它代表着全人类的根本利益。"领导干部一定要讲政治"的科学命题也暗含了深刻的政治道德价值。

最后,从我国道德建设的现状来看,公务员职业道德建设也应成为道德建设的主题。

对当前我国社会道德领域出现的一些严重问题稍作分析即可看出,它们大都与公务员职业道德建设存在的问题直接相关。一方面,一些领导干部本身放松思想改造和道德自律,直接引发了严重的道德问题,如官员的生活腐化堕落;另一方面,作为道德他律的一个重要构成部分,少数官员对发生在自己身边,甚至直接隶属自己管辖范围的道德问题置若罔闻,客观上助长了道德问题的滋生与蔓延,使得当代中国道德建设在双重意义上要求将官德建设摆在首位。其一,官员自身存在的道德问题,构成社会道德建设中的难点和重点。从主流上看,我们大多数的官员是好的和比较好的,但也有个别官员以权谋私、生活腐化,堕落成腐败分子和犯罪分子。早在1978年,邓小平同志就告诫全党:"领导干部,特别是高级干部以身作则非常重要。"[①]"现在,不正之风很突出,要先从领导干部纠正起。群众的眼睛都盯着他们,他们改了,下面就好办。"[②]如官员自身正了,自身的道德问题解决好了,就能理直气壮地去解决他人的问题。其二,由官员道德问题所引发的消极影响,构成社会道德建设首先需要消除的影响。尽管有道德问题的官员是少数,但少数的官员却代表了党和政府公职人员的形象,容易产生极大的社会反响,在普通社会成员中造成一种连环性假象:由少数官员的道德问题推及到整个领导干部道德问题,由领导干部道德问题推及整个社会道德问题。

---

① 《邓小平文选》第2卷,人民出版社1994年版,第124页。
② 《邓小平文选》第2卷,人民出版社1994年版,第125页。

而要消除这种假象，就必须先使官员在道德上亮丽起来，从而消除引发上述连环性假象的源头。只有把官德建设作为道德建设的主体性工程，才能从根本上实现从上至下的平等道德自律，否则，道德建设只会成为只对下、不对上或只对民、不对官的管制老百姓的手段和精神枷锁。

二、官德作为职业道德的误区

公务员职业道德究竟是属于职业道德范畴，还是角色道德范畴，这是理论探讨的重要问题。现有道德学术书籍，几乎都是把官德定位为职业道德，这不仅给官德的理论研究带来了混乱，也给公务员职业道德建设带来了某种程度上的不利。

为了论述的方便，我们必须先明确职业与角色、职业道德与角色道德的区别。职业是指人们由于社会分工从事具有专门业务和特定职责并以此作为主要生活来源的社会活动。而角色是指在社会生活中处于一定社会位置、具有一定社会规范的活动个体及行为模式。从定义可知，职业侧重于社会的自然分工并是养家糊口的基本方式，而角色侧重于人的身份和地位，"身份"是人们在识别角色时使用的称呼。身份规定了角色，角色体现了身份。职业是个人自致和社会指定的结果，往往是固定和单一的，有时是终身的，而角色则是社会关系的产物，具有变动性、同兼性等特点。因此"官"不是一种职业，而是一种社会的指定角色，是一种身份；官不是社会分工而来，而是靠选举产生（在世袭制下是世袭而来）；官不应是终身的，而应是变动的、可更换的；官不是自致的，而是由社会机关、组织指定任命的。职业道德"是从事一定职业的人们在其特定的工作或劳动中的行为规范的总和"①。它具有内容上的稳定性、范围上的限定性、形式上的多样性等特点。角色道德

---

① 罗国杰主编：《中国伦理学百科全书·职业伦理学卷》，吉林人民出版社1993年版，第31页。

"就是人们在社会生活中充当某种角色时所必须遵循的行为准则、价值观念及其道德实践"①。职业道德突出了行业性的群体特点，而角色道德则突出在社会关系中的个体性。如商业道德是职业道德，营业员道德则是角色道德；军事道德是职业道德，而军人道德则是角色道德；政治道德是职业道德，则官德是角色道德，如此等等。更进一步说，职业更多地体现社会伦理关系，而角色更多地体现道德性质。伦理与道德在通常意义上可以等义使用，但二者之间的区别也是不容忽视的。伦理和道德在使用意义上的主要区别有：伦理是客观自在的，道德是主观自为的；伦理是社会的，道德是个体的；伦理是他律的，道德是自律的。尽管官德是社会政治伦理关系的主要体现，但也决不可用前者取代后者，更不能把后者归结为前者。

把官德定位于职业道德在理论和实践上都不利于加强公务员职业道德建设。首先，会降低官德的社会地位和自身要求。从社会整体而言，无论生产劳动还是管理和生活服务，也无论政府官员还是勤杂工，都承担着一定的社会职能，而且这种职能是社会不可分割的。国家社会不仅事事要有人做，而且专事要有专人做。"专人做专事"是社会成员的"自然"分流，也就是说从事某种职业本身对社会、对个人是自然的事（在现代社会有竞争上岗的问题）。同时，从事某种职业不仅意味着有了一个社会正式承认的身份，而且意味着有了生活的主要经济来源，有了谋生的手段。所以，"干活吃饭，挣钱养家"成为大多数人从事职业的主要动机，也是职业生活的基本事实。而官员如果仅仅是为了挣钱养家，仅仅是为了谋生，那么在为官动机上就等同于一般老百姓，在从政行为中就是"保饭碗"，不求有功，但求无过。这样，就无法体现官德的主体性作用。其次，官德的职业定位会弱

---

① 魏英敏主编：《新伦理学教程》，北京大学出版社1993年版，第522页。

化角色意识。儒家强调"君君、臣臣、父父、子子",就是要求"君"应该像"君"、"臣"应该像"臣",否则就是社会伦理纲常的败坏。这实际上强调的就是一种角色意识。角色意识是形成角色权利和义务、地位与作用观念的前提。角色意识中渗透着角色的自我认可、自我评价,因而它又是角色自信心、自尊心的源泉。正确的角色意识可以使所担任的角色得以成功,反之,错误的角色意识则会使所担任的角色趋于失败。如果一个人角色意识不强,则会形成角色差距,甚至会角色失真。曾几何时,在所谓"砸三铁"的热潮中,党政官员纷纷"下海",兴办产业,从事"第二职业",为的就是把饭吃好点,拓宽职业门路来捞取钱财,结果导致官商不分、带权经商,人民赋予的权力变成了个人或部门挣钱的工具。官商一体之所以成为历代社会之大忌,就在于官的角色失真,官不像官,带权经商,造成社会资源的分配不公。一个社会如果人们不能各安其分、各尽其责,出现角色失真抑或角色反串,就是社会道德衰败的开始。从职业角度讲官员同时可以是"老板"(我国对第二职业没有明确的法律规定),但从角色来讲官员就不能同时是"老板",正像一个人不可能同时演的既是"李玉和"又是"鸠山"一样。在特定场合角色都是特定的,不能用一种角色替代其他角色。一个官员在商场里购物只能是以顾客身份,在剧场看戏只能是观众,在公共汽车上就是乘客,而不是"XX长"之类,否则就会有特权现象。

正是由于对官德的定位不准,导致了公务员职业道德建设中的一系列问题,主要有两个:

1.在特征上,官德建设的超前性与社会道德的现实性相混淆。从社会的总体性道德要求而言,官德的要求与民德的要求不可同日而语、平行而论。官德代表着社会较高层次、体现道德发展较高要求的超前性规范,例如公而忘私、无私奉献、毫不利己、专门利人等等。这些道德规范,对于一般公民而言是属于提倡性、鼓励性、理想性道德,而对于社会主义社会的官员来说则是必须坚决遵循并身体力行的道德戒律。正因为如此,"我们在新民主主义革命时期,就已经坚持用共产主义思想体系指导整个工作;用共产主义道德约束共产党员和先进分子的言行",而在改革开放和市场经济条件下,"党员尤其是党的高级负责干部,就愈要高度重视、愈要身体力行共产主义思想和共产主义道德"①,这里根本不存在超越现实问题。社会普通公民应遵守社会的广泛性、现实性道德要求,官员应遵守社会的先进性、广泛性道德要求。这种先进性与现实性的特点是十分明确的,但我们的一部分官员放松了对自己的高要求,把自己等同于一般的老百姓,并且以一般群众道德水平不高作为自己不能严守高标准道德规范的托辞,有的甚至把无私奉献、全心全意为人民服务、公而忘私等道德规范作为"左"的东西加以否定和批判,"而这种荒唐的'批判'不仅没有受到应有的抵制,居然还得到我们队伍中一些人的同情和支持"②,这就导致"吏无吏德"、"官无官责"的消极现象,直接影响到社会的道德建设。

2.在具体要求上,官德出现了模糊性。中国的政治体制改革相对于经济体制改革不但严重滞后,而且目标含糊不清。这种经济建设的明确性与政治行为的模糊性并存的现状,致使官德建设面临许多新问题,并在事实上处于一种似是而非的认识与理解状态。一是由于官德实际上被夹杂在一般道德、职业道德的规范当中被人们加以把握,这就完全忽视了政府官员与一般社会成员不同的道德要求和领导职务并非某种职业的特点;二是官德规范并没有得到明确的认定,尽管社会推出了"医德"、"商德"、"师德"、"公德"和"家庭美德"等一系列规范要求,但对官德缺乏应有的规范说法。在

---

① 《邓小平文选》第2卷,人民出版社1994年版,第367页。
② 《邓小平文选》第2卷,人民出版社1994年版,第367页。

唯经济主义的感召下，许多官员只注重了如何当好一个经济建设的带头兵，却无法清醒地明确怎样做一个"道德人"，由此使他们难于以确定的、具体的道德规范来约束自己。利益驱动，尤其是对实利的获取是一切职业行为的基本前提，就是职业道德本身也无非是树立职业形象、改善服务质量、招揽顾客、谋取利益的手段。这种职业道德层面上的官德往往也容易变为官员的装饰，促成道德虚伪（这是中国官场上的一道独特景观）。同时，现实生活中虽然我们并不缺少对公务员的道德教育，但一部分公务员依然在利益的驱动下超越了职业道德的戒律，甚至出现为了职业需要而必须违反职业道德的怪现象，如当今中国一些官员感叹："不腐败就办不成事"，就是这种印证，公务员道德建设的难度可想而知。

三、官德作为一种角色道德

对官德职业定位误区的指出，同时意味着对官德进行角色定位的强调，以及由此而引申的现代意义。作为一种社会角色，"官"从来不是一种单一存在，而是一个角色丛。这就意味着"官"在现代社会中不可能是一个单一的道德主体，而是一种多元主体，官德的形成及其社会效应也不可能由单纯的道德手段所致，而是需要社会各个方面的共同努力，尤其是出现角色冲突的时候。把官看作道德主体，是对官德地位的确认；把官同时又看作是多元化主体，或者看到官由单一的道德主体向多元主体的变化，则是对官德本质的确认。

中国自古就有把官作为纯粹道德主体的传统。古代神话传说中的氏族首领是道德的化身，是正义的象征，是为民除害兴利的英雄，如盘古开天辟地，女娲炼石补天，燧人氏钻木取火，神农尝百草发明草药等等。传说中的尧、舜、禹都是德高望重的杰出人物。宋代司马光在其名著《资治通鉴》中将人分为四种："圣人"、"愚人"、"君子"、"小人"。德才兼备是"圣人"，德才兼立是"愚人",德胜于才是"君子",才胜于德是"小人"。他认为只有"圣人"和"君子"可以成为国家的管理者。就是在新民主主义革命和社会主义革命时期,也是把干部的主观能动性的发挥和道德信念的高扬,作为革命事业成功的重要保证。所以,中国老百姓对官的角色期待主要是道德期待,希望有一个清政廉明的政府来拯救自己。道德无论以何种形态出现,总是属于主观性的东西,道德背后的客观基础是利益,是实实在在的利益关系。但是,半个多世纪以来,我们一直在夸大主观能动性的作用,强调"人是要有一点精神的",而又把这种精神看成是通过学习、教育、思想斗争可以获得的,在任何情况之下都能保持和发扬。我们可以用拔高、曲解、造假的方法"塑造"出许多不食人间烟火的"英雄",但那种"纯粹的人"的道德追求最后只能是道德"乌托邦"。不论历史活动有多么沉重的惯性,它都不会只停留在这一形式上。新中国成立后,剥削阶级被消灭了,非此即彼的利益对抗没有了,整体利益绝对至上的关系开始淡化,于是乎公私关系变得复杂起来。作为道德基础的利益关系的变化,就使诸如"无条件地牺牲"等道德标准开始失去它原有的明确和效力,内在的道德调节机制遇到了困境,新中国的官员们有可能出现"无组织行为"。其实,在三大战役硝烟未尽时,毛泽东就预见:"因为胜利,党内的骄傲情绪,贪图享乐不愿再过艰苦生活的情绪,可能生长。"[1]三十年后,邓小平又焦虑地指出,干部中脱离群众、思想僵化、滥用权力、办事拖拉、互相推诿、压制民主、徇私行贿、贪赃枉法等现象已达到令人无法容忍的地步。担忧变成了现实,现实越来越令人担忧。

问题的严重性也许并不在于官德的这种"蜕化",而是在于对这种现象的解释及其相应措施。过去,我们总是把官德蜕化归结为"资产阶级思想的

---

[1] 《毛泽东选集》,人民出版社1968年版,第1328页。

腐蚀"、"封建残余的影响"。于是,"思想改造"成了提高官德水平的唯一途径,"灵魂深处闹革命"、"狠斗私心一闪念",具体就是无休止的思想汇报、反省检查、斗私批修、上纲上线。这实际上就是用一种"阶级性善论"来论证党员干部是单一纯正的道德主体。毫无疑问,党和政府作为一种政治组织和政权机构,代表着国家和人民的利益,党和政府的政治行为应当体现人民利益的第一原则,但不能把这一性质简单套用到官员身上。因为党员干部就其完全的社会存在而言,他是历史活动中的个人,是具有多重社会角色的主体。一个政府官员在执行公务时是国家公务员,代表和维护国家利益是他的职责;官员作为某一单位的领导可能是代表群体利益;官员作为丈夫、父亲,则要维护和增进家庭利益;此外,他还可能是顾客、观众、患者等其他社会角色。总之,官员已不可能是纯而又纯的职业革命家了,他处于多种权利与义务的关系之中,充当着多种社会角色。这就使他们在执行公务时会面临双重相互矛盾的选择,职责要求他们维护社会整体利益,但个人私利也可能诱使他们以权谋私。这就迫使我们对官员的行为约束不能仅依赖于道德自觉,而必须对"官"这种社会角色进行道德上的制度安排。马克思在总结巴黎公社的经验时指出:"从前有一种错觉,以为行政和政治管理是神秘的事情,是高不可攀的职务……现在这种错觉已经消除。彻底清除了国家等级制,以随时可以罢免的勤务员来代替骑在人民头上作威作福的老爷们,以真正的负责制来代替虚伪的负责制,因为这些勤务员经常是在公众监督之下进行工作的。"①这就说明,使"勤务员"们"真正负责"的保证是"公众监督",而不是道德本身。这同中国传统文化中强调的"修身、齐家、治国、平天下"有根本上的不同。任何社会角色首先是一种利益角色,总是体

---

① 《马克思恩格斯选集》第3卷,人民出版社1995年版,第96页。

现着一定的权利与义务的关系，而道德又是以利益为基础的，所以角色道德更多地体现了一种以客观利益为基础的社会伦理关系，而不仅仅是某种主观的善良愿望。

作为一种角色道德，官德包含如下要义：

1.角色责任。这是角色道德的基本规定。每一社会角色同时就是对社会责任的某种分担，或者说，社会责任的分解是通过角色的分工去实现的。官员的角色责任就是为人民服务，医生的角色责任就是救死扶伤，教师的角色责任就是教书育人；服从是军人的天职，孝顺是子女的义务，义道是朋友的准则，温柔是女人的本性。凡此种种，都表明了角色与责任的同构。

2.角色技能。角色技能是担任角色的能力。一个人在何种程度上可以真正履行角色责任，不仅取决于他是否具有责任感，而且主要取决于他的能力。过去，我们之所以陷入"德"与"才"、"红"与"专"的无端争论之中，在于首先就把才与德对立起来。其实，"才"本身就是"德"，"德"也是"才"。在现代社会，一个不学无术、无知无识的人能德高望重，实在令人生疑。官员的才识与能力是官德的应有之义。一个没有能力履行角色责任的人，本身就是角色失真，谈何角色道德？一个人根本不会游泳，但我们千方百计鼓励他去救落水者，只要有这点精神，就是一个高尚的人，这不是明摆着鼓励人去"寻死"吗？世界上真有无才之德吗？

3.角色调解。角色调解就是指两个角色或多个角色因同角色的要求而发生冲突时，按照"两利相比取其大"的原则予以调节，实现角色的准确定位。当"忠""孝"不能两全时，必取其"忠"，因为"忠"是臣的最大责任。一个官员无论兼任多少种角色，当发生角色冲突时，始终必须以"官"这个角色为主，而不能反主为次，因为"官"代表的是国家和人民的利益，是高于一切的利益，维护人民的利益，是"官"的基本要求。

《公务员职业道德培训丛书》是按照官德的主要规范来组织的,尽管对官德规范的概括是多种多样的,但我们认为,"民本"、"公忠"、"勤政"、"廉洁"是基本的,每本书基本上都是按照特定的概念厘定、伦理价值、基本要求、建设路径的思路来形成框架。希望丛书的出版,不但能给官德研究提供新的理论元素,更能为公务员职业道德建设的具体实践提供参考。

是为序。

李建华

2013年1月

第一章

从政之要：勤政的伦理意涵

当官吏作为一种社会职业分工或身份角色自人类社会初期始出现，对为官者的各种道德要求则应运而生。勤政作为官德建设的重要内容之一，是对居官为政者提出的最基本的道德要求。古人云"勤者，政之所要"，自古以来勤政就是人们给予为官者最适当的角色道德评价之一，其重要性及其意义更自不待言。明人在《初仕要览》中亦说："初仕以勤政为首务，政不勤则百事殆。"晋成公绥《贤明颂》曰："王用勤政，万国以虔。"宋吕祖谦："当官之法唯有三事：曰清、曰慎、曰勤。"清叶廷琯《吹网录·三河县辽碑》："是时，耶律氏，国势已衰，而县令犹知勤政爱民。"汪汲在《座右铭类编》中也说："惟敬可以胜怠，惟勤可以补拙，唯俭可以养廉。"可见，勤政作为从政为官之德，不仅具备了极强的道德感染力，它还是一种施政的手段和方式，在行政活动中亦起到了十分重要的示范和推动作用。在我国步入社会转型和经济发展的新时期，突出和加强我国公务人员的勤政建设，对于提升党政领导干部的整体官德水平和加强党的执政能力建设更是具有十分重要的意义与作用。

一、政之所要：勤政的伦理内涵

勤政，简言之就是恪尽职守，勤勉工作，勤于政务之意。为政在勤，勤为政之要，政为勤之体，两者紧密联系，不可分离。从一定意义上说，勤政是为官的根本职责和道德义务所在。为官的职责就是要积极、妥善地处理好各种各样的政务活动，如果不勤勉工作，不及时地处置这些政务活动，行政工作则会陷入停滞状态，从而影响社会管理和百姓正常生活。从历史上看，勤政不仅为历史上各朝代的统治者所推崇，为中国传统儒家思想所肯定，同时亦为百姓广为赞颂。但何谓勤政，如何勤政？对上述问题的理解与回答，不仅道出了为官之真谛，还有深刻的伦理内涵。

（一）勤政的词义与语境

自古以来，"勤政"就被视为居官为政必须具备的道德品质之一，是对为官者提出的一项最基本的职责要求。早在春秋时期，孔子就对为政者提出勤勉为公，不厌倦懈怠的要求。《论语·颜渊第十二》中记载："子张问政。子曰：'居之无倦，行之以忠。'"①自西晋开始，人们便将"清"、"慎"、"勤"三者联系在一起，视之为从政箴言。据晋李秉《家戒》中记载，晋武帝司马炎曾对大臣们说："为官长当清，当慎，当勤。修此三者，

---

① 《论语·颜渊第十二》，山西古籍出版社1999年版。

何患不治乎？"宋人吕本中在《官箴》一书中指出："当官之法，唯有三事：曰清，曰慎，曰勤。知此三者，可以保禄位，可以远耻辱，可以得上之知，可以得下之援。"此后，"清、慎、勤"便成为为官从政的第一箴言，而屡被后人所论列。①

唐朝时期的裴耀卿白天断讼案件，晚上还要批阅公文。为了警醒自己勤勉工作，就饲养了一只雀，每夜至初更时有声，至五更则急鸣，裴耀卿将它称之为知更雀。在裴耀卿的厅堂前面还有一颗梧桐树，到早上的时候，有群鸟飞聚树上，齐声鸣叫，裴耀卿将其称之为"报晓鸟"。由于裴耀卿恪尽职守，勤于政务，从而留下了勤政的美谈。②

宋人真德秀则从勤、政的关系入手，指出勤对于从政为官的重要作用及其意义。他说："莅事以勤。当官者一日不勤，下必有受其弊者。古之圣贤，犹且日昃不食，坐以待旦，况其馀乎？今之乢有勤于吏事者，反以鄙俗目之，而诗酒游宴，则谓之风流娴雅，此政之所以多疵，民之所以受害也。不可不戒！"③他在《渝州县官僚》中指出："为士者不可以不勤，况为命吏，所受者朝廷爵位，所享者下民之脂膏。一或不勤，则职业隳弛，岂不上孤朝寄，而下负民望乎。"④在他看来，勤政是为官的本分，也是居官为政的职责所在。勤政的作用在于使民不受弊害，为政无疵或少疵，从而起到上不负国家，下不负百姓的作用。因此，对为官者来说，必须要勤勉工作，避免庸政、懒政等不正之风。宋代权知相州、右补阙田锡在谈到勤政的时候也说："臣道务勤，勤则职业修而事无壅塞"⑤，他认为"勤"是为官者首要的

---

① 转引自张希清《"清、慎、勤"——为官第一箴言》http://www.zggds.pku.edu.cn/004/001/046.htm.
② 《开元天宝遗事·知更雀》。
③ 《真文忠公文集》（卷四十），《潭州谕同官咨目》。
④ 文渊阁《四库全书》第706册，台湾商务印书馆1986年版。
⑤ 毕沅：《续资治通鉴·卷十二》，中华书局1957年版。

从政理念，勤政的重要作用在于使政务无壅塞。同为宋人陈襄的观点与他们皆较为相似，他说："公事随日而生，前者未决，后者继至，则所积日多，坐视废弛……要当随日区遣，无致因循。行之有准，则政有条理，事无留滞，终于简静矣。"①意即对于为官者来说，每天的公务随着时日推移而不断累积，如果为政不勤则会出现"前者未决，后者继至，则所积日多，坐视废弛"的后果。宋代文学家、政治家欧阳修的观点立意更高，他从兴国和修身的高度感慨道："忧劳可以兴国，逸豫可以亡身"②，他更加强调了"勤"对于国家以及个体发展的重要意义。

何谓勤政呢？元代徐元瑞的解释似乎更为详细，他说："谓早入晏出，奉公忘私，虽休勿休，恪勤匪懈；呈押文字，法遣公事，务为敏速，耻犯稽迟；躬操笔砚，不仰小吏，手阅簿书，不辞劳役。"③他认为勤政涵盖了如下含义，一是从时间上看，勤政体现为早入晏出；二是从职业操守上看，勤政体现为一种敬业之心，恪尽职守，公而忘私；三是在具体工作中，要不畏艰辛，任劳任怨，勤奋而不懈怠；四是事必躬亲，不将职责范围内的工作交与下级替办；五是体现在工作效果上，工作不拖沓、延误，敏速而有效率。总之，徐元瑞认为只有为官者恪尽职守、勤勉工作，勤于政事，才能真正的造福于民。

明人在《初仕要览》中说："初仕以勤政为首务，政不勤则百事殆。"《功过格辑要》卷十五中亦记载："操持不外'清、慎、勤'三字。清者大节，慎者无误，勤则能理，昔人所谓三字符也。取全条而熟玩之，有贵其刚毅无私者，亦由清而致；有贵其谦抑不肆者，亦由慎而致；有贵其关防不漏

---

① 陈襄：《事无积滞》，《州县提纲：卷1》，北京：商务印书馆1939年版。
② 欧阳修：《新五代史·伶官传序》，中华书局1974年版。
③ 徐元瑞：《吏学指南》，浙江古籍出版社1988年版。

者，亦由勤而致，则斯三言可以该矣。舍此三言，其亦何能为政哉？"

清代刚毅在《居官镜·臣道》中说："黾勉从公，夙夜匪懈，谓之勤。"汪辉祖甚至认为："清、慎、勤"三者，应以"勤"为本。他在《学治臆说》卷下说："称职在勤。吕氏当官三字：曰清、曰慎、曰勤。所谓三岁孩子道得，八十岁老翁做不尽者。尝与同官王蓬心先生论三事次第。先生以清为本，同官唯唯。余谨对曰：'殆非勤不能。'先生曰：'何故？'则又对曰：'兢兢焉，守绝一尘矣。而宴起昼寝，以至示期常改，审案不结，判稿迟留，批词濡滞，前后左右之人，皆足招摇滋事，势必不清，何慎之有？'"

清朝时期的雍正可谓是中国历史上最勤政的皇帝之一。他刚一登基，即罢鹰犬之贡，表示自己不事游猎。他的勤政精神、理财成效、治国业绩，在中国古代帝王中堪称楷模。雍正勤于政事，白天几乎无一刻清闲，上朝研究政事，聆听大臣面奏，商讨各种建议，处理突发事件。晚间批阅奏章，每天都要工作到深夜，睡眠时间常不足4个小时。一年之中，只有生日那天他才会休息。他在位12年8个月，仅在数万件奏折中他所写下的批语，就多达1000多万字。他所做出的改革比其父亲康熙在位61年所做出的改革还要多。雍正在不到13年的时间里，以财政经济为中心推行了一系列大刀阔斧的改革：一是实行"耗羡归公"，建立"养廉银"制度；二是"摊丁入亩，地丁合一"，解放了社会生产力；三是清理国家财政钱粮亏空，以铁的手腕把侵吞的库银收回来；四是建立"会考府"，审核钱粮奏销；五是开放洋禁，发展海外贸易；六是"改土归流"，进行民族区域的地方行政改革；七是废除贱籍、酷刑，实行社会改革；八是创立军机处，加快改革步伐。雍正皇帝勤于政务，勇于改革，大力清除康熙统治后期的各种积弊，取得了卓著成效。同时，雍正还为文武百官树立起"公忠诚勤，实心任事"的楷模。他所赏识的几位重臣，田文镜、鄂尔泰、李卫等，都是以直言不讳、据实办事而得到特殊信任和格外擢用的。如田文镜本是一个官位不高的内阁侍读学士，他引起雍正重视，是在雍正元年（1723年）祭告华山回京复命时，他在皇帝面前把山西全省闹灾荒财政亏欠的情形一一如实奏报，雍正认为，该员"直言无隐"，"若非忠国爱民之人，何能如此？"遂加重用。此外，雍正还有许多值得称道的政绩，如惩治贪污、解放贱民、平定罗卜藏丹津、始派驻藏大臣等，为中国的统一与发展做出了积极的贡献。①

上述可见，作为封建时代一些开明的官吏尚且能够以"勤"自勉，而我们新时期的领导干部更应该有这样的境界。由于时代与社会境况的不同，勤政的词义发展到今天，尽管已赋予了很多新的涵义，但"勤政"作为考察官德和官员执政能力的重要条件之一，却一直没有发生改变。

（二）勤政的伦理内涵

古人云"勤者，政之所要"，为政在勤，政不勤则百事怠。勤政既是为官的职责所在，亦是官德的内在要求，如何做才能符合道德的内在要求，方可称之为勤政呢？中国古代的思想家、政治家们提出了许多见解，这对于我们今天认识、理解和把握勤政的伦理内涵以及新时期加强官德建设，仍具有十分重要的借鉴意义。

其一，要树立勤政为民的思想。俗话说："当官不为民做主，不如回家卖红薯。"清代李文耕认为："官不勤则事废，民受其害。教化本于身，能对百姓，然后可以教百姓。"②官民关系是政治生活中的主要关系，也是

---

① 翁礼华：《雍正：只争朝夕的改革家》，《钱江晚报》2010年11月17日第D03版；王宇：《中国帝王集》。
② 李文耕：《列传二百六十五循吏三》，中华书局1977年版。

官德建设中的关键点。官对民的道德态度不仅反映了官德的基本要求，而且是区分剥削阶级官德和无产阶级官德的分水岭。中国自古就有"民为本"、"民为贵"的"仁政"主张，这对缓解统治阶级与劳动人民之间的矛盾，促进社会发展起到了一定的作用。但是，随着现代民主政治的发展，"爱民如子"、"为民做主"等基于人格不平等的道德主张日显苍白，须以"甘为公仆"、"为人民服务"而代之。在社会主义条件下，官民关系发生了根本性的变化，官民在利益上实现了根本性的一致，"为人民服务"的理念理应成为官德的核心。为人民服务是社会主义道德的集中表现，是我国政治道德价值选择的基础和灵魂，关系到官德建设的性质和方向。为民是官德的价值支点，也是勤政、廉政建设的根本出发点，那些勤而谋私，勤而无功，碌碌无为的贪官、庸官和昏官，最终都为人们所不齿。

其二，要专心政务，身心俱勤，使事无积滞。从某种意义上说，从政为官亦是一种职业，为官的本职工作就是要管理和处理各种行政事务，使事无积滞。勤政是国家对其官员使命感、责任意识的一项最基本的要求，亦是为官的本分和职责所在。宋纁在《古今药石、理学名臣官行录》中说："其居此官，即欲尽其职；其行此事，即欲尽其心。"道光进士鲍源深说："好官何？尽心焉而已。"[①]宋人真德秀认为"勤"是为官的本分，他在《渝州县官僚》中说："业精于勤，荒于嬉。为士者不可以不勤，况为命吏，所受者朝廷爵位，所享者下民之脂膏。一或不勤，则职业瘝弛，岂不上孤朝寄，而下负民望乎。"[②]因此，他坚持"莅事以勤，当官一日不勤，下必有受其弊者"。从某种意义上说，人的时间和精力都是有限的，作为官员亦如此。官

---

① 转引自颜克亮《从传统经典论勤政敬业的价值内涵》探索。http://www.cqdx.gov.cn/theory/article.aspx?id=2206.
② 文渊阁《四库全书》第706册，台北：台湾商务印书馆1986年版。

场上的庶事甚多，如送往迎来，游乐宴会等等。如果沉溺其中，就很难有时间和精力处理好政务。明代大臣吕坤云："仕途上只应酬无益，人事功夫占了八分，更有甚精力、时候修正经职业？我尝自喜行三种方便，甚于彼我有益。不面谒人，省其疲于应接；不轻寄书，省其困于裁答；不乞求人看顾，省其难于区处。"①宋人陈襄说："被底放衙，昔者尝以为戒。凡当繁剧，要须遇鸡鸣即起，行之有常，则凡事日未昃俱办，而一日优游闲暇矣。倦于起早，或遇宾客过从，往来迎送，夺其日力，则一日之事俱不办。一日之事不办，则明日之事益多。况凌晨神气清爽，心无昏乱，故起早亦为官第一策。昔鲁文伯母，言卿大夫一日勤事之节，曰朝考其职，然则古人亦审此久矣"②，他进一步阐释说："公事随日而生，前者未决，后者继至，则所积日多，坐视废弛。……要当随日区遣，无致因循。行之有准，则政有条理，事无留滞，终于简静矣。"③如何方可称之为勤，晚清名臣曾国藩认为"身心俱勤"方为勤，他在《劝诫委员四条》中说："勤之道有五：一曰身勤。险远之境，屈身经验之；艰苦之境，身亲尝之。二曰眼勤。遇一人必详细察看，接一文必反复审阅。三曰手勤。易弃之物，随号收拾；易忘之事，随笔记载。四曰口勤。待同僚，则互相规劝；待下属，则再三训导。五曰心勤。精诚所至，金石亦开；苦累所积，鬼神亦通。五者皆到，无不尽之职。"④因此，勤政就是要做到屏除杂念、远离庶务，专心政事，并使事无积滞。

其三，要勤而有"实"，避免表面文章。勤政从本意上看，它指的是勤于政事，勤勉工作。勤政的出发点和目的是为公和为民，而不是为了谋私利。对于为官者来说，就是要"为官一任，造福一方"。勤政要求官员身体

---

① 吕坤：《呻吟语》（卷三）。
② 陈襄：《晨在贵早》，《州县提纲》（卷一），北京：商务印书馆1939年版。
③ 陈襄：《事无积滞》，《州县提纲》（卷一），北京：商务印书馆1939年版。
④ 曾国藩：《劝诫委员四条》，《皇朝经世文续编》（卷十六）。

力行，身心俱勤，讲的不仅仅是行为上的"勤"和工作过程中的"勤"，还要体现在工作效果上——勤而有"实"，工作要讲实绩和效率，避免工作华而不实、好大喜功、急功近利和搞形式主义。在现实工作中，确实有不少领导，从早忙到晚，到处赶场，从形式上看，不可谓不"勤"，但可惜是他们并没有忙于政务；也有的领导，虽然显得没有前者那么忙，但行事成竹在胸，运筹帷幄，事半功倍，亦不可谓不"勤"。

事实上，从古到今，大凡有作为的官员无不以"勤"当头，以"勤"字为先。从人民的好总理周恩来，到县委书记的好榜样焦裕禄，从新时期的好干部孔繁森，到为民书记郑培民、平民书记牛玉儒等，他们都有一个共同的美德就是勤奋工作。只有勤奋，工作才不会懈怠；只有勤奋，工作水平和能力才会不断提高；只有勤奋，我们领导干部才能深得民心，赢得百姓的支持和拥护。反之，如果官居其位，不思进取，不谋其政，工作就会停滞不前。久而久之，就会形成一种庸政、懒政、昏政和滥政。最终，不仅为人民所唾弃，于为官者本人更是一种失职，严重的还构成渎职和犯罪。

勤政不仅是对为官者在行政管理工作上提出的要求，同时，还是官员所必须具备的忠于职守的精神和爱岗敬业的品德，是衡量领导干部政治素质、道德品质的重要指标，并贯穿于对干部培养、考核、任免工作的全过程。2005年4月27日，我国干部人事管理第一部具有总章程性质的法律——《公务员法》诞生了，并于2006年1月1日正式实施。这表明公务员制度作为我国一项基本人事制度得到了法律确认，是改革开放以来我国干部人事制度改革的最大成果。从此，标志着公务员管理迈入科学化、民主化和制度化管理的新阶段。我国《公务员法》第一章第一条明确指出："为了规范公务员的管理，保障公务员的合法权益，加强对公务员的监督，建设高素质的公务员队伍，促进勤政廉政，提高工作效能，根据宪法，制定本法。"第七条："公务员的任用,坚持任人唯贤、德才兼备的原则,注重工作实绩。"第五章第三十三条规定:"对公务员的考核,按照管理权限,全面考核公务员的德、能、勤、绩、廉,重点考核工作实绩。"因此,为官不仅要勤勉工作,专注于政务,而且还要勤而有功,有所作为,要用实实在在的政绩说话。

二、实与巧:勤政的两个层次

在古人眼中,一般认为勤奋敬业、任劳任怨,奉公为民者为勤政,但从现代的眼光来看,这离勤政的要求还远远不够,除上述要求外,还应做到统筹规划,科学管理,不断创新和提高工作效率。因此,勤政除了"实"之外,还需要"巧",即善用科学的方法和求实创新的精神来引导勤政能力不断提升。

(一)勤政能力的互涵

孔子在《论语·为政》中提到"君子不器",当中的"器"指的是各司其用却不能相通,他认为为政需是学识广博、多才多艺的通才,也就是说,君子不能像器具一样,只有一个用途,而应当博览全书,具有多种多样的才能,统领全局,才可以承担治国安邦的重任。尽管如此,但个人的先天素质和环境、后天的受教育情况和经历各有不同,直接导致每个人的能力大小各有差异。能力主要表现在作用于某些事件或活动的才干或本领,产生这种作用力的来源包括人的学识、技术、经验、智力等。执政者在行政环境中所表现出来的对法律的尊重和依从、对公共资源的合理分配、对公共权力的合理运用,公平公正地履行行政职能,实现对国家的治理和服务群众。在这过程中体现的才干、本领和作用力就是执政者的综合素质，也就是所谓的能力。这种能力表现在两个阶段：基本的行政能力和运营的行政能力。前者主要是指执政者执政过程中的基本的判断力、分析力、自律能力以及体力等；后者主要指在执政的实践过程中所显示出的实际操作能力，包括执行力、创新力、决策力等。要实现这两个阶段的转换，就体现在勤政能力的两个层次中，即从"实"向"巧"转换。

要做到勤政，首先要做到崇实，即从实际出发，不搞浮夸虚假。官员办事应从实际出发，既不夸大，也不虚假。汉景帝刘启的儿子刘德是一位热爱典籍的文人，他费尽心力收集古书，并认真对其整理研究，脚踏实地的刻苦钻研精神使得他在百年之后也被史学家对其立传评价道："修学好古，实事求是。"（《汉书·河间献王德传》）以赞扬他崇尚事实、勤奋好学的精神。要达到理想的目标，思想上就务必符合客观实际，不能仅凭个人主观愿望或一时热情或从众心理随波逐流、盲目跟风。有些部门和官员为了完成所谓的"政绩"，不顾客观现实，制定浮夸不当的目标，宣传、夸大成绩，瞒报、缩小问题。如此夸大其词、哗众取宠、报喜不报忧，正如导致北宋灭亡的宋钦宗一般，在浮夸的气泡中沦为阶下囚。从"大跃进"时期持续长达三年的"巨大成绩"和"大好形势"的浮夸蔓延，到2004年广东省清远市七个乡镇严重弄虚作假，夸大、虚报和伪造统计资料获取所谓的"政绩"，一个个负面的实例令人们意识到实事求是、求真务实的重要性，而对所谓的"实"的尊崇正是一个称职的官员最基本的官德。崇实隐含着实事求是，明晰事物发展的客观规律和实际情况，脚踏实地，把每项工作落在实处的涵义。这是因为，无论是做人还是做事，都必须从实际出发，必须经得起实际的检验。有些地方把发展抓项目作为口号，工作却不落实推进，凑数字、虚报成效等弄虚作假的现象屡屡出现，这种失实现象的出现归根结底都是求实的问题，失去了求实的支撑，实事求是、求真务实都将是一纸空文。官员恪守诚实的品格是执政为民和贯彻实事求是路线的基本要求，是弘扬求真务实精神的必要条件。从孔子的"民无信不立"到孟子所言"诚者，天之道也；思诚者，人之道也"，再到墨子口中的"人不信者，行不果"，都体现了崇实是做人的首要原则，是最基本的道德规范。做官就先要做好人，崇实也是官员的基本品德，"为政务在言实"，弄虚作假、虚报浮夸是对党的根本宗旨和基本官德的违背，官员肩负着为人民谋利益的职责，要注重实效，从实际出发，说实话、办实事、出实效、报实绩。官员行使的权利是人民赋予的，人民的支持和信赖不仅来自于官员的决策、组织、领导，还来自于官员的表率形象。诚实是立德、立言、立功的基础，表里如一、言出必行是讲诚信的基本要求，官员要把诚实作为为人处世的基本准则，不断加强思想道德修养，塑造高尚的品格。官员的定位是人民公仆，想群众之所想，急群众之所急，常怀为民之心、办利民之事，深刻理解和认识"权为民所用，情为民所系，利为民所谋"，说话办事客观、实际，做到不唯上，不唯书，只唯实。诚实做人、只做实事对官员来说，需要一定的勇气，需要坚持原则，不因自己的个人得失而作为行事、实事求是与否的标准，而应该无私无畏，始终把人民利益高于一切作为行事原则，真正做到不图虚名，求真务实。

官员作为行政的主体，其主体性是否得到充分发挥是"崇实"的必要条件，如若不当，便会阻碍求真务实的实现过程。这种阻碍实事求是的因素主要在于官员的智能水平、利益取向等。首先，官员的知识、技能和思维方式的制约。正如前文所提到的，实事求是归根结底是为了获取正确的信息，解决实际问题。这就要求官员要有何谓"是"的基本判断力，从对信息的搜集、分析到解决问题，是对官员智力和知识水平的考验。如何"求"，在营造良好环境、建立好的机制的前提下，官员要正确看待政绩，办实事、见实效。黑格尔认为，思维方式是正确把握哲学事实的第一条件。通过加强学习，打开思维的广度，力求创新和高效，以真正解决问题为本。其次，官员自身的价值观和利益取向。政绩作为影响仕途升迁的一个重要评价标准，当仁不让地成为一些人的价值取向和利益驱动。政绩是评价一个官员是否称职的标准之一，但并不意味着把政绩作为行事的目的是合理的。有些官员对形式主义不置可否，但剥开表面工程的光鲜外壳，出现的可能是腐败的内核。为官者不仅要勤学，更要"慎独"。"所谓诚其意者，毋自欺也。如恶恶臭，如好好色，此之谓自谦。故君子必慎其独也。小人闲居为不善，无所不至。见君子而后厌然，掩其不善，而著其善。人之视己，如见其肺肝然，则何益矣。此谓诚于中，形于外。故君子必慎其独也。曾子曰：'十目所视，十手所指，其严乎。'富润屋，德润身。心广，体胖。故君子必诚其意"①。要具有诚实的意念，就不要自欺欺人，像厌恶污秽的气味一样，像喜爱美丽的女子一样，令自己感到安心，因此君子要在独处的时候也时刻保持谨慎的态度。没有道德修养的人在独处的情况下会做出坏事，当他们见到有道德修养的人，却又隐藏这些坏事，显露自己的美德。每个人看自己都像能看到肝肺那样直达内心，自欺欺人有什么用呢？内心的真是会表现在外表上，因此君子一定会真诚审慎面对自己。财富可以装饰房屋，品德却可以修养身心，因而心安理得，品德高尚的人一定要令自己的意念真诚。这段话强调的慎独应该作为官员道德修养的培育过程，无论是在人前，还是在独处的时候，要树立正确的价值观和利益观，并坚持原则，不受利益驱使，三省其身，脚踏实地方能实事求是。崇实是先"求是"再"求实"的过程，这一过程同样是官员处事的必经之路，明是非才能办实事，才能创实效。科学的发展观和正确的政绩观是这一过程顺利发展的重要保证。

---

① 《礼记·大学》。

其次，要躬亲。诸葛亮一句"鞠躬尽瘁，死而后已"曾无数次地被官员立为为官之道。然而怎样才可谓是勤政的领导，首先应加强自身修养，身先士卒，以身作则。"弗躬弗亲，庶民弗信"（《诗经·小雅·节南山》），这一典故描述的是周幽王不亲政事，滥用小人，不躬不亲，人民不会信服他。古往今来，事必躬亲总与对官员的赞美联系在一起。诸葛亮为报知遇之恩，"寝不安席，食不甘味"，"政事无巨细，咸决于亮"，"杖二十以上亲决"，殚精竭虑，最后心力交瘁而死。海瑞治河"布袍缓带，冒雨冲风，往来于荒村野水之间，亲给钱粮，不扣一厘，而随官人役亦未尝横索一钱"。不贪图安逸，不辞辛苦，不己私利，不忘公益。现代官员的楷模焦裕禄、孔繁森清廉实干的事迹更是不绝于耳。之所以人们对这些事例不吝赞美之词，是因为他们都体现了一种为官的态度：修己正身，身先士卒。

由于领导风格各不相同，有的人事事亲力亲为，也有善于放权，统筹高效的，这里我们提倡的躬亲指的是一种积极向上的领导方式。在深入实际的前提下，真正在领导过程中做到严于自律、有担当敢负责、懂得团队协作并有时效地解决问题，才是具有实际意义的"躬亲"。第一，要求领导者提高道德修养，节制自律。官员既具有不同于常人的权力，就必定具备更高的道德标准，要达到这些标准，必定会经历漫长的道德修炼，也就是从他律到自律的转变。这是因为停留在他律阶段的道德规范，无论如何严格遵循，它仍是一种外化于本体的异己力量，只有将这种对法律或舆论的畏惧内化为一种内心的力量，才可谓真正做到合乎道德规范的官员。从他律到自律的转换是道德修养的必经之路。首先是对他律的认同——包括法律法规和准则，对这些道德规范的认同、服从和敬畏是对自身行为进行意志约束的基本前提和必经之路。其次是官员要自己为自己立法，把道德要求内化为心中的道德法则，主动为自我制定行为准则。用理性的意志控制欲望。合理的节制能保证理性在与欲望的抗衡中，掌握主动权，从而形成道德良心，作为自律的最高体现，是官员必须具备的基本素质。第二，有担当和责任感。报载，日本大阪警察署的警察收受辖区店铺的贿赂，向店主泄露警察搜查信息，使这家店非法经营但逃避处罚。尽管看起来是一件金额不大的案件，但在日本人看来，作为执行国家法律的警察，是国家法律权威的象征，本应是最廉洁守法的执法者，却将整个国家法律的威严践踏得荡然无存。尽管受贿的警察很快被逮捕并获刑，但警察的上司认为在自己的下属中发生这种事情，他们仍难辞"失职"之咎，为挽回警察声誉，大阪府警察本部长和巡警署巡查部长选择以自杀来谢罪。抛开民族之间的性格差异不谈，这种用自己的生命教育下属，用生命捍卫职业的尊严，实在令人钦佩。当然，并不是说所有失职的人都要自杀谢罪，但这种对职务的热爱、尊重和担当的精神是值得学习的，甚至是官员所必需的。试想，面对困难，一心只想如何推卸责任的人如何能承担起领导的重任？有担当、有责任感的领导，目标明晰，不惧困难，勇于接受挑战，不计较得失，这是一种应对的智慧和敢于接受失败的勇气。这种足以鼓励和鞭策下属的号召力来源于道德良心，来源于公正廉明的坚定信念。有担当的官员不推诿，不争功，将承担责任和解决问题作为自己的义务，足以成为激舞团队的榜样力量。第三，身先士卒，凝聚团队力量。领导对工作的态度直接影响着团队的氛围。经常出入工作一线、充满热情和干劲的领导会带出不畏困难、勇于接受挑战的团队；遇事推诿、懒散懈怠、"事不关己高高挂起"的领导，下属自然会逃避问题，趋利避害，行事散漫，避重就轻。官员在工作中以身作则，身先士卒，于无形中激励下属，有利于形成良好的团队氛围，同心协力，解决问题。

所谓巧，即在工作中以先进的理念引领并指导工作，在工作中除了实干之外，还要力求科学、创新和高效。正如前文所述，实干是领导在工作中具备的基本行政能力。有些官员尽管很勤奋，甚至事必躬亲，但由于拘泥于形式，不注意方法，在工作中眉毛胡子一把抓，分不清轻重主次，故行政效率低下。如何在勤干的基础上开辟出具有现代性、可行性和高效性兼具的巧劲来，便成为官员如何勤政的新课题。那么，如何才是巧干呢？

　　一是要遵循科学规律，善抓事物主要矛盾。四川省射洪县从改革开放以来，特别是党的十六大以来，历届党政领导班子大胆解放思想，勇于开拓创新，围绕从传统农业大县向工业经济强县跨越的宏伟目标不懈奋斗，团结和带领全县人民在改革中谋发展，在创新中求突破，实现丘陵农业大县到工业经济强县的成功转型。大力推进工业园区化、集群化、集团化、品牌化，射洪经济社会发展走上了"工业发展集约化、要素积聚市场化、城乡发展一体化"的科学发展之路。"射洪现象"告诉我们，科学的经济发展方式源于科学的思维方式和领导方式。加快经济发展方式的转变，必须从转变领导方式做起。射洪的思维方式和领导方式是全球化视野谋划发展；全域性统筹推动发展；全员性组织加快发展；全方位推进绿色经济优化发展。射洪案例的"五好"科学成果、射洪的科学领导和科学发展，体现了利民为民的重要性；发展社会经济管理能力和发展经济能力，提高了射洪改革创新科学发展的能力和承受能力，体现了射洪四大班子的勤政能力和廉政能力。射洪案例研究成果告诉我们，符合科学发展观是前提。科学发展观的核心是以人为本。协调整合各类人力资源，是任何领导者工作的重中之重。射洪案例以以人为本的感召力提出了"领导力磁性"的命题，给人以认同，给人以尊重，给人以空间，给人以出路，给人以激励，给人以与人为善。射洪县坚持群众路线的领导方法、科学的领导方式，是造就科学发展与科学领导的"射洪现象"、"射洪路径"和"射洪模式"的关键。①

---

① http://www.newssc.org, 2011-12-15, 来源：四川新闻网。

在政务活动中，由官员统率和指挥人们实现一定的目标，这些目标需要靠其组织、号召和推动来实现。科学有效地管理是任何一个组织实现其目标的必要条件，它的任务就是科学地遵循规律，分析事物的症结所在，揭示并解决其主要矛盾。官员的领导工作是一项特殊的实践活动，它需要科学的规律加以指导，同时，由于它既具有特殊性又具有高度的综合性，使得管理和领导过程越发纷繁复杂。当前我国改革发展正处于一个新的起点，首先，官员运用科学的方法和创新的思维解决实践中的问题不仅利于构建服务型政府，也有利于官员树立以人为本、把人民的需要作为最高价值标准，同时也有利于强化科学执政理念——在遵循客观规律的基础上，按照科学的思想、理论、制度和方法来进行。其次，有利于为民众更直接更有效地解决问题。当前，我国面临的主要矛盾就是民众日益增长的物质文化需求和落后的社会生产力之间的矛盾。树立科学的执政理念，从民众的角度想问题，把满足民众的需求作为工作的出发点和归宿。

然而，由于官员在领导管理实践中遇到的问题纷繁复杂，不仅受到主观思维的影响，还受到外界客观因素的限制，因此，在工作中常常不能完全运用科学的方法和思维来开展工作、解决问题，管理工作也会因此陷入困境。第一，唯上级马首是瞻，呆板盲从。有些官员习惯按照上级的指示行事，不论是否符合实际，不论是否正确都一味附和执行。第二，经验主义。有些官员办事不与时俱进，自诩具有较高的理论知识水平，遇到问题仅凭书本知识或历史经验处理，脱离实际，阻碍管理活动的开展。第三，墨守成规，狭隘封闭。全球化和信息化的背景下，官员不深入基层，不更新现代信息手段，信息闭塞会导致思维落后，处理问题片面、消极，盲目自大，会使得领导活动陷入困境。

官员要形成科学的管理和领导观念，就要在坚定共产主义信念的前提下，以公仆来自我定位，以服务群众为宗旨。首先，要坚持群众路线。作为毛泽东思想领导方法的精髓，群众路线是马克思主义认识论的体现，也是科学领导的思想基础。官员要与民众换位思考，设身处地关注民生，倾听民怨，顺应民情。其次，协调好与上司、同级及下属的关系。对上级交予的任务要按时按质完成，态度上要做到尊重而不谄媚；对同级要互相监督、互相信任；特别是对待下属要理解信任，不吝放权，合理用人。楚汉之争的项羽和刘邦便是实例，项羽自视过高且意气用事，听不进正确的谏言，疑心过重；而刘邦善于吸纳人才，广纳善言，集中众人的智慧和优长创立了大汉。第三，善于总结，勤于思考，不断学习。在掌握马克思主义原理和毛泽东思想、邓小平理论等原理的前提下，广泛吸收社会、政治、经济、自然科学、心理学等知识，养成勤于思考、乐于学习的习惯，不断总结自己的领导和管理经验，并把它们运用到实际工作中去，不断提高科学领导能力。

二是要与时俱进，不拘一格勇辟蹊径。人类文明发展的历史，就是一部生生不息的创新史。从人类对自然力量的无知和畏惧，到学会钻木取火，制造自己的生产工具，再到用这些生产工具改造世界，四大发明、文艺复兴、工业革命、火箭升空，这些不可思议的进步全部都是创新的产物。当前社会急速发展，全球化进程加剧，使得创新已经变成时代的主旋律，要把我国建设成为"创新型国家"，不仅要求经济、科技和国防的创新，更需要政治体制、文化和思想的创新，要实现这些创新，首先需要人的创新思维，特别需要不仅具有现代化的科学技能知识，又要与时俱进、具有创新精神、勇于开拓进取、独辟蹊径的领导者。2011年12月，北京各区县政府纷纷开通了政务微博，"北京微博发布厅"11月17日在新浪网上线运行，首批20个由北京市政府组成部门和西城区政府纷纷开通了政务微博，其中，7个部门的新闻发言人开通了个人微博。据北京市政府新闻办主任王惠介绍，上线一个多月来，各成员单位积极发布信息，回应网友关注，解决网民提出的问题。截至目前，21个成员单位总粉丝量已接近400万，7位新闻发言人的总粉丝量超过30万，共发布信息4000余条，回复网友各类问题5000余个。王惠表示，随着越来越多的单位加入，"北京微博发布厅"将能更好更快地服务网友。北京市将在现有新闻发言人及其团队的基础上，加强学习培训，组建专门团队，完善工作机制，更好地发挥"北京微博发布厅"传递政府声音、提供服务资讯、倾听社情民意和回应社会关切的作用。为及时发布交管信息，更好为群众提供交通路况和服务，湖南也于2011年1月开通了首个省直单位实名微博"湖南交警总队"微博，近两天时间就吸引了上万名粉丝，由于路况瞬息万变，加上冰雪天气的影响和交通管制，这些信息的通报要求具有强力的时效性，通过当今民众热衷的社交网络，不仅能够提供准确及时的路况信息，还能随时收到市民关于突发情况的反馈，这一方式使得民众在交通过程中看到任何紧急事件和需要交通援助等即时信息能够得到有效回应，真正成为了服务民生、加强警民互动的公共对话平台。依托先进的网络信息渠道，形成了一个强大的交通服务互动网络，扩大了交通管理信息源，能够更及时、高效、全面服务和方便民众。

官员作为领导者，本身就担负着指引并率领人们不断进步的使命，因此创新就是领导自身必备的素质之一。由于官员不仅是民众智慧和思想的代表，又是引领民众认识和改造世界的领头人，因此官员不仅要从思想观念，还要从工作实践中打破常规，勇于开拓。胡锦涛同志在2012年新年茶话会上说："开拓前进，就是要勇于变革、勇于创新，努力在转变经济发展方式上取得新进展、在深化改革开放上取得新突破、在改善民生上取得新成效，不断把党和国家各项事业推向前进。"目前，部分城乡居民生活仍处于较低水平，失业人群增加，收入分配仍有不均，使得贫富差距日渐拉大，部分地区治安状况不甚稳定，领导干部官僚主义及腐败事件仍时有发生。如若仅凭传统的管理和领导模式，将无法改善现状，实现民族伟大复兴。历史上从春秋时期齐国的管仲"相地而衰征"、"作内政而寓军令"、"尊王攘夷"，到北宋王安石的"因天下之力以生天下之财，取天下之财以供天下之费"、"方田均税"，再到康有为、梁启超的"戊戌变法"，这些政策上的创新性变革都显示了领导者创新的胆识和强大的开拓精神。

　　对官员来说，要具备创新能力，首先就要做到掌握事物的发展规律和主要矛盾，做出的决策不仅要具有实践性，还需要做到可操作性。随后，在达到目标的过程中，能够积极地发现问题、果断地分析问题，充分调动成员的积极性和开创性，积累并总结经验，创造出新局面。然而在管理过程中，领导者容易陷入种种困局：经验主义，教条主义，随波逐流，安于现状，故步自封……这是因为官场中传统的中庸之道和平均意识等思想作祟。要重构官员创新思维，首先就要做到加强学习。丰富的文化底蕴和专业知识是创新的前提，这是因为广博的知识和宽阔的视野好比大楼的地基，基础打得越稳越广，建筑就会越扎实越挺拔。较强的观察能力能够敏锐发现问题，渊博的知识能够拓宽思路，从独到的角度分析问题。不断学习，是更新知识和实现创新的必经之路。诚如歌德所言："不断变革创新，就会充满青春活力；否则，就可能会变得僵化。"其次，坚持实事求是的科学态度。所谓创新，就必须冲破固有知识和观念的桎梏，改变惯性思维，但这些必须在符合实际的基础上。这是因为创新的目的是解决现实问题，实现进步和飞跃，也就意味着实事求是不仅是创新的基础，同时也是创新的目的所在。试想如果不按事物的客观规律，单纯凭个人主观意愿，如何能衍生出有利于人们和社会的决策。第三，坚定以为人民服务为终极目标。领导者的创新，如果不将其作用于为广大人民群众谋利，那将是一纸空谈。创新不仅仅是领导者个人思想的进步，而是在于创造更好的条件和环境，体现群众的意志和智慧，从而作用于群众。第四，积极实践和探索。如果无法将创新的成果得以实践，那么再科学再可观的创新也只是纸上谈兵。官员领导活动的创新目的就在于改变陈旧的事物和定律。要实现新的目标，就必须依靠具有创新的实践过程。在实践过程中，会出现意想不到的问题，也会创造宝贵的经验，将这些经验整合起来，根据实际情况的变化不断改进，使得实践创新具有良好的可行性，周而复始，创新不断。

三是要关注民生，不断提升政府行政效率。湖南《三湘都市报》曾经报道，正值汛期的湘江防洪堤有鼠患，市民向有关部门反映时，当地官员竟因"目前尚未设立防鼠经费，需要打报告等待审批"为由，致使问题一直悬而不决。市民反响强烈的同时感叹，某些部门形式主义、官僚主义太重，更有市民提出，鼠害危害大堤安全，建议号召市民主动捐款作为所谓"防鼠经费"。防洪一线的民众忧心忡忡，生怕一时的懈怠会带来无法估量的重大损失，而有关部门仍在防鼠经费的问题上纠结无策，只是按照正常的"打报告"、"等审批"的程序被动等待。2010年6月，亚洲政经风险顾问公司对亚洲的12个国家和地区做了一个关于行政效率的调查，结果显示新加坡和中国香港地区行政管理效率成绩最为优秀，而中国大陆排名靠后。从许多事例来看，我国官员办事拖沓，权力寻租，职能部门机构臃肿，冗员众多，人浮于事等现象仍然存在。作为公共行政管理的核心问题，追求高效率的公共行政管理的道路仍然很漫长。山东济宁曲阜市有一个"马上就办办公室"，"马上就办办公室"在济宁已经推行了一年多，是"效能济宁"的一个部分，目前多个部门都已经成立了"马上就办办公室"，就是为了提高行政效能，增强执行力和公信力。为何要在原有职能机构的基础上另外设立一个办公室呢？且不论"马上就办办公室"的行政效率如何，其管多少、管多远的问题更令人怀疑，该机构与政府职能部门的机构之间难免重叠，更造成职能人员相互推诿扯皮，可能增加更多的行政成本和负担，要解决行政效率低下的问题还必须从人员和制度着手。

所谓行政效率，指的是国家行政机关和人员在从事管理活动中所得到的效益及其所消耗的人力财力和物力等因素间的关系，换句话来说，就是行政活动中产出和投入的比率。行政活动的产出，包括各项具体的经济社会活动的效果，直接体现在人民所关心的民生问题上。而实际上，一般所说的行政效率，主要是指行政活动在符合预订的行政目标，并且给社会带来益处的前提下的效率。行政效率不仅是评价行政工作的综合性指标，也是行政的根本所在。

行政效率决定着行政改革的速度和方向。决定行政效率是否高效的因素主要有以下几个：首先，是行政成本。在行政管理过程中，如果能做到有效的为公民提供公共产品和公共服务，就可被称作行政效率高。对普通公民而言，在政府机构办理相关事务，存在着成本，这种成本代表着其得到一件东西或办成一件事情所付出的时间和金钱。如果这种代价和其预期所得到的利益相比有很大的差距，那么他们可能就会选择放弃或是以权力寻租等不合法的方式来办理，这不仅会造成官员不道德现象，更应该说这项工作是没有效率的。其次，是行政作为速度。官员对行政活动的反应速度是行政效率的最直接体现。但不同于利益最大化的企业效率观，行政效率并不是越快越好，而是要达到介于民众所希望的最高和最低效率中的某一个点，也就是在保证质量的前提下，不耽误为民众所提供的服务，但又不至于增加一些不必要的行政成本。把握好这个点，是官员做到高效率又保民生的一个关键。第三，是行政作为的正确性。行政作为是否正确，是指制定的政策法规和行为在兼顾利益的基础上，对对象做出公平合法行政动作，并且能够促进社会经济发展，增进社会福利。正确的行政作为可以增加服务对象对行政成本的承受力，与此同时，也就间接提高了行政效率。行政成本和行政速度以及行政正确度三者是相互作用的，如行政成本的减少可能引致行政速度或正确度降低，行政正确度的增加可能会导致成本的增加和速度的降低，行政速度的提高可能会导致成本的增加和正确度的降低。因此，官员如何在三者之间找到一个平衡点，使得三者相互制约，相互产生良好的作用力，是行政工作中的新课题。

由于我国行政权力过于集中，政府职能交叉错位，导致政府包揽了许多公共部门的工作，政府机构重叠，导致权责不明；管理层次过于繁杂，各部门层次之间缺乏沟通，协调不畅；一些机关人事制度不够健全，不正之风悄然兴起，有法难依。尽管在精简行政审批程序、提高审批流程效率、大力开展电子政务、改革政府机构等方面取得了一些成效，但收效甚微。要提高行政效率，官员首先就要树立良好的效率观念。官员是行政管理的主体和领导者，掌握着行政效率高低与否的命脉。号召公务员进行道德修炼，用内心道德调节的力量来外化他们的信念和原则，完成从他律到自律的转换，遵纪守法，公正不阿，不徇私枉法，不舞权弄术，形成良好的工作作风。官员要意识到权力正当性的重要意义，作为行使国家权力的代表，坚持维护人民利益，以为人民服务和提高办事效率为本，摒除官本位的思想，转向民本位，贯彻公民意志，从而提升公民对行政部门的认同。其次，依法行政，强效监督。官员不仅要知法懂法，还必须善于依法处理各类社会事务。在行政活动中的协调方法、技术手段、每个程序和步骤都要符合法律和制度的要求，真正做到有法可依和依法行政。此外，要加强对官员的监督，在关键岗位和薄弱环节要做到完善监督机制，防止不法行政。权力机关和公众舆论监督并举，对官员执政过程中是否滥用职权、行政审批程序是否合法、是否徇私舞弊有着重要的作用，要教育、监督、制度三项并举，努力提高官员和行政人员的素质。

（二）勤政能力的提升

勤政的两个层次转换是执政能力升华的过程，也是从勤政转变为善政的必经之路。善政不仅要求善于化解发展过程中复杂的利益矛盾，处理多元的利益关系，还要善于处理和群众的关系，它是行善政和善行政的统一体。行善政指的是一种执政品德，解决的是为谁勤政的问题，要求官员树立基本的正确行政观；而善行政指的是一种执政本领，解决的是如何发展的问题，要求官员科学高效地解决难题。而这正是由"实"转"巧"的过程。

首先，勤学是科学之基、创新之源、高效之法。勤学是科学行政的基础。学习是获取知识的唯一途径，将科学知识累积起来，才能认识世界，改造世界。理论的学习不够，就无法用科学的原理武装头脑，更谈不上指导工作的开展。科学行政的宗旨是在遵循规律的前提下，分析并解决主要矛盾，而只有站在拥有广博知识的基础上，才有可能洞悉事物规律，抓住主要矛盾。科学行政包括理论、知识和党性的学习，通过学习运用马克思主义、毛泽东思想、邓小平理论和科学发展观等完成主观世界的改造，将学习的过程成为坚定理想信念的过程，从而树立正确的人生观、权力观、利益观。依法行政是科学行政的基本保证，加强对法律法规的学习是解决各类矛盾、处理繁杂的利益关系的根本要求。了解政策是做好科学行政的前提，加强对政策的学习，有利于分析和吃透政策，看清矛盾的微妙变化，明确政策导向，才能最大限度地科学发挥政策效应，推进科学行政进程。

勤学是创新的源泉。创新实际上就是运用现有的资源或要素，在事物本身固有的优点之上，发现和提出新的想法，替代其不足之处。而这些原有的资源和要素只有通过学习才得以领会。执政过程中的经验主义和教条主义的领导形式都是创新思维的大敌，不断学习、更新知识是克服这种故步自封的唯一途径。创新不仅需要充足的文化底蕴和专业知识作支撑，还需要天马行空的想象力使其成型，在学习过程中，掌握多种多样的方法，这些改变固有模式的具体办法，是支撑创新之泉的不竭来源。

学习是提高效率的必备方法。行政高效是行政活动符合预期行政目标，并且给社会带来益处的效率。要保证组织机构内的每一个成员各司其职，按时按质地完成工作任务，这就需要每个人对新情况、新问题和新矛盾都熟悉和了解，用学习促进步，用学习促提高，用学习促发展，在对公务员的培训过程中，要建立集体学习制度，统一思想，严于自律，提高道德修养。特别要学以致用，将学习的成果运用到工作实践中，真正推动实际工作，才能形成高效、廉政的环境。

其次，崇实是科学之魂、创新之资、高效之道。实事求是是科学之魂。实事求是这一思想路线本身就是认识世界、改造世界的根本思想和工作方法，也是共产党人做人和行政过程中的基本科学态度和科学精神。科学行政就是要坚定信念，服务群众，而实事求是、求真务实是为人民服务的基本前提。官员要勤下基层，倾听民生，化解民怨，只有站在事实的基础上，才能有效地处理矛盾，顺应民情。

崇实是创新的基本资本。行政创新的目的是为了独辟蹊径，做出不同于以往的全新决策，而如果不将创新建立在事实的基础上，并且又无法在实践中具有可操作性，那么这样的创新只是空洞的想法，无法付诸实现。要开创新的局面，就要纠正旧的政策和领导方式的不妥之处，只有在实践过程中，不偏不倚地评价原有情况的好坏，才能在此基础上加以改进，令思维的升华得以真正实现。

求真务实是高效之道。对职能部门效率的追求本身就是执政者务实的体现。影响行政效率的主要原因之一就是政府部门冗员懒政，对这些现象究其根本，是部分行政人员办事不从实际出发，甚至不办实事，松散懈怠。务实是公务员的基本素质，不仅是工作作风问题，更是作为一个道德人的自律需要。无论是制定政策还是办事，失去了事实的支撑，何谈效率？

第三，躬亲是科学之计、创新之源、高效之途。事必躬亲不一定是好的管理方式，但作为一种积极的领导态度，是科学行政的方法之一。所谓正人先正己，推己及人，科学领导本身就是一个"以其昭昭，使人昭昭"的过程，领导者自省自律，加强自身修养是造就高效团队的基本前提。在职权范围内的亲力亲为，善于观察、分析问题，就是为行政过程中处事和决策提供方法论。遇事能够身先士卒，勇于承担，才能在处理问题的过程中凝聚团队力量，抓住事物的主要矛盾，对症下药，实现科学行政。

亲力亲为，不把自己的工作假手于人，发扬扎实肯干的钻研精神，真实地掌握事物的发展规律和主要矛盾，使其成为发现问题和分析问题的根据开创性和现实性对策的源泉。发展创新思维需要勤于实践和积极探索的精神，官员在处理问题的过程中，深入一线，用充满干劲的氛围影响团队的成员，发挥身先士卒的开创精神，才能获取丰富的信息，集众人智慧，打破常规，形成集可行性、创造性和开拓性于一身的行政决策。

评价某项政策或行政行为是否有效，主要在于它是否能够切实化解矛盾，是否代表民心所向。孟子有云："得天下有道，得其民，斯得天下矣。得其民有道，得其心，斯得民矣。得其心有道，所欲与之聚之，所恶勿施尔也。"是否代表人民群众的利益，无论对于国家政权走向还是社会发展方向都起着关键性的作用，要得民心，就必须勤下基层，和群众打成一片，通过访谈调查等实践方法，设身处地与民众换位思考，急群众之所急，倾听民意，才能做出真正行之有效的决策。

三、德与才：勤政的道德基础

勤政一词蕴含着深刻的道德内涵，勤政要求为官者要恪尽职守，勤勉工作，兢兢业业、认真负责地为国、为民做实事，不能有丝毫的松懈，并力争在工作中有所作为。虽然为政须勤，但非勤者勤政，不勤者非勤政也。勤政必须通过一定的行政绩效来体现。从某种意义上说，勤政是需要一定条件的，德与才是勤政的前提和基础，亦是对居官为政者提出的最基本的要求。因为，有"德"方能确保勤的落脚点在于勤政与民，行政的方向才不会发生偏离；有"才"方能促使勤出政绩、勤而有功，而不是一种恣意乱为或庸碌无为。

（一）德才之辩：一个永恒的话题

在人们的思想意识里，德与才一直是中华民族自古至今对官员执政角色期许和角色评价最基本的理念。但问题在于，人们在德与才之间很难达成统一，甚至有时还出现了悖反。于是乎就有了德与才孰主孰辅、孰优孰劣的无休止商讨与论争。从历史上看，对居官为政者有关德才的考察其实由来已久，最早可以追溯到尧舜时期的禅让制度。

相传上古时期的帝王尧，是一位十分仁德、贤明的君主。尧，号陶唐氏，是帝喾的儿子、黄帝的五世孙，居住在西部平阳（今山西省临汾县一带）。尧当上部落联盟的首领后从不骄恣放纵，和大家一样住茅草屋，吃糙米饭，煮野菜汤，夏天披件粗麻衣，冬天只加块鹿皮御寒，衣服、鞋子不到破烂不堪绝不更换。他在位时，百官各司其职、各履其责，四方诸侯和睦共处，百姓安居乐业。老百姓拥护他，如爱"父母日月"一般。尧在位七十年后，年纪老了，于是召开部落联盟议事会议，讨论继承人的人选问题。他问群臣："在我之后，谁可以托付天下啊？"放齐迎奉他说："你的儿子丹朱可以啊，他聪明通达，足可以托付大事。"但是，尧却不同意。他说："丹朱顽劣好斗，难以成大器。总不能让他一个人得利，让全天下的人都受苦吧。除了他之外，还有谁可以呢？"灌兜说："共工这个人不错，做事干练，政绩显著，可以将天下托付给他。"但尧说："共工这个人巧言善辩，表面上俯首帖耳，其实内心却连上天都敢欺瞒不恭，虽然能干，但是道德品性不好，这种人是决不可任用的。"于是，尧帝对四岳说："我在位已经七十多年了，你们总能很好地执行我的命令，你们来接替我的帝位吧！"四岳回答说："我们德行浅薄，不堪重任。民间有个叫重华（虞舜）的人，品德高尚，才能出众，足可以托付大事。"尧听了说："那就让我来试试他吧。"于是，他召见了虞舜，把自己的两个女儿娥皇、女英嫁给了他，并让自己的9个儿子和舜一起生活。借机来考验他的德行，舜和妻子生活得和睦美满，照顾尧的9个儿子比亲兄弟还亲。后来，尧先后让舜去种田、捕鱼、烧陶器，舜都做得很出色。尧又派舜当了几年管理生产的官，舜把各项事务都处理得很得当。为了考验舜的胆量。尧让舜一个人到大山林里去。天空电闪电鸣，地上有豺狼虎豹乱蹿，周围不时传来野兽的嚎叫声，真令人害怕。舜却凭着自己的勇敢和智慧走出了山林。尧对各部落的首领说："舜的才能这样出众，真是难得啊！"这样舜经过3年的考验以后，尧才在部落联盟会上郑重地宣布："从现在起，我让舜替我做大家的首领了。"据《墨子·尚贤上》云："尧举舜于服泽之阳，授之政，天下平。"《孟子·万章》也记载：

"舜相尧二十有八载,非人之所能为也。"舜接位后,亲自耕田、打渔、制陶,他通过部落联盟会议,让八元管土地,八恺管教化,契管民事,伯益管山林川泽,伯夷管祭祀,皋陶作刑,完善了社会管理制度。舜的能力非凡,德行出众,深得百姓拥戴。他还仿照尧的样子召开继位人选会议,经过民主讨论,大家推举同样德才兼备的禹来做他的继承人。舜到了晚年身体不好,依旧到南方各地去巡视,病死在苍梧(今湖南境内)的途中。舜死后,禹接替他做了部落联盟的首领。这反映了自上古时期开始,人们对于执政者的选拔、考察和任用已逐步开始注重对德才的考量。

道德具有强大的影响力,它不仅反映在对执政者的选拔、任用和考察层面,在国家治理和军事战略上亦如此。根据历史记载,中国第一个奴隶制国家夏王朝建立以后,有一个叫有扈氏的诸侯借机叛乱,气势汹汹地率兵入侵夏王国。夏禹见状,就派他的儿子伯启进行抵抗,结果伯启却被打败了。他的部下很不服气,请求伯启继续进攻,打败有扈氏。但是伯启却说:"不必了,我的兵力比他的多且强大,土地比他的宽广而肥沃。然而,今天在战场,我却被他打败了。这一定不是什么别的原因,而是我的德行不如他,带兵的方法不如他而已。"从今天起,我一定要好好检讨,努力改过才是。从此以后,伯启每天很早就起床开始工作,吃简单的食物,穿朴素的衣服,任用道德品质出众和才能卓越的人,从此深得民心和军心。又过了一年,有扈氏见夏王国政通人和,上下一心,不仅不敢再前往侵犯,反而自动投降并归顺了夏王国。

道德既可以引起一场战争,亦可以对战争的胜负起决定性的作用,这在文明史上是相当罕见的。在军事战略上,我国自古以来就有"不战而屈人之兵"之用兵上策,究其核心无外乎就是一个"德"字。春秋早期,宋国尚称得上是一个强国,而作为小国的曹国却不肯顺服,于是宋襄公指挥军队包围了它。大子鱼对宋襄公说:"周文王听到崇国道德昏乱而去攻打,攻了30天,崇国仍不投降,文王退兵回去,修明教化,再去攻打,崇国人就在文王过去所筑营垒中投降了。现在君王的德行怕还有欠缺吧。就这样攻打曹国,能把它怎么样?还不如先退回来检查一下自己的德行,如果没有欠缺再发兵不迟。"①后来宋国是否征服了曹国,史书没有继续交代,但它却充分地说明道德在军事、战争中所起到的重要作用,表明决定战争胜负的不仅仅是军事才能,更重要的是军事指挥者的德行。同时,这也是对德优于才的观念的预示。

在《晋书·羊祜传》中也记载了一个与上述相似的故事。西蜀灭亡以后,司马炎逼迫魏主曹奂"禅位",自己称帝,建立晋朝。并派羊祜都督荆州,镇守襄阳,对付吴军。羊祜,泰山南城人也。世吏二千石,并以清德闻。"(晋武)帝有灭吴之志,以祜为都督荆州诸军事","祜率营兵出镇南夏,开设庠序,绥怀远近,甚得江汉之心。与吴人开布大信,降者欲去皆听之"。"吴石城守去襄阳七百余里,每为边害,祜患之,竟以诡计令吴罢守。于是戍逻减半,分以垦田八百余顷,大获其利。祜之始至也,军无百日之粮,及至季年,有十年之积"。"祜以孟献营武牢而郑人惧,晏弱城东阳而莱子服,乃进据险要,开建五城,收膏腴之地,夺吴人之资,石城以西,尽为晋有。自是前后降者不绝,乃增修德信,以柔怀初附,慨然有吞并之心。每与吴人交兵,克日方战,不为掩袭之计"。"人有略吴二儿为俘者,祜遣送还其家"。"吴将陈尚、潘景来寇,祜追斩之,美其死节而厚加殡敛。景尚子弟迎丧,祜以礼遣还"。"祜出军行吴境,刈谷为粮,皆计所侵,送绢偿之。每会众江沔游猎,常止晋地。若禽兽先为吴人所伤而为晋兵

---

① 王文升主编:《中国廉政勤政故事》,中国方正出版社2007年版,第3~4页。

所得者，皆封还之。于是吴人翕然悦服，称为羊公，不之名也"。"祜寝疾，求入朝。及侍坐，面陈伐吴之计"。"疾渐笃，乃举杜预自代"。"祜卒二岁而吴平，群臣上寿，帝执爵流涕曰：'此羊太傅之功也。'"①羊祜一生为人正直，待人谦和，大公无私，清正廉洁。羊祜从不不贪图名利，在位期间经常将自己的俸禄拿出来周济族人，赏赐士兵。自己却生活简朴，家中无余财。在仕族统治门第之风和培植私门之风盛行的西晋社会，羊祜身为外戚，位高权重，却从不结党营私，以公谋私。曾有人劝他"有所营置，令有所归戴者"。羊祜拒绝说，绝不干树私背公的事情。在完成平吴大业后，他就辞官归乡，并辞谢了武帝封给他南城侯等爵位。羊祜一生以德服人、以德示众，深得百姓拥戴。在他死后，襄阳的老百姓自觉为其建庙立碑，以彰其功德。

可见，古人十分重视官员的德才，对为官者德才的考察亦出来已久。然而，在择官和考察为官的标准上，与传统"以德为先"、"德优于才"的价值观念相比较，中国古代"不拘一格降人才"、求贤若渴的例子也委实不少。商朝时期，当王位传到武丁手上的时候，国力已大不如前，并开始走下坡路。武丁年幼时，父亲小乙曾将他放到民间与平民一起劳作、生活，因而较了解"稼穑之苦"。当时，他还与一个名叫傅说的奴隶交上了朋友。这个傅说虽说是一个奴隶，却谈吐不凡，是一个不可多得的经世济国奇才。傅说见他不耻下问，于是教授给他很多的知识。武丁跟他的先祖汤王一样，是个非常贤明的君王，从小就留心国家大事。等到武丁登基以后，更是兢兢业业，日理万机。武丁虽然能干，身边却没有一个得力的大臣辅佐他。因此他常常夜不能寐，心里很忧闷。这时他想起了自己的朋友傅说，但却苦于傅说

---

① 《晋书·羊祜传》。

的身份是个奴隶，怕贵族和大臣们不服。于是，他顿生一计。在父亲小乙去世后，武丁郁郁寡欢，整整三年没说过一句话。后来，忽然有一天，他哈哈大笑起来，并开口说话，说先祖商汤托了一个梦给我，说有一个大贤人叫傅说，可以做我们国家的相国，只要拜他为相，我们商朝就一定能够兴旺起来，你们快快把傅说给我找来。大臣们于是按照武丁的描述，在夯土筑墙的奴隶之中找到了傅说，并把他带到了武丁面前。武丁一听说傅说来了，喜出望外，忙以礼相待，对他尊敬有加。次日，就将傅说引见给朝臣，并拜他为相。傅说做了相国之后，亦竭尽全力辅佐武丁，提出了许多英明见解，采取许多有效的措施来振兴政治、经济和文化，缓和奴隶对抗，从而使商王朝得以大治。《史记·殷本纪》称："武丁修政行德，殷道复兴。"由于武丁将商王朝推向极盛，被称作"中兴之王"[①]。武丁为了求相，三年不说话，可谓用心良苦。为了求贤，抛开傅说奴隶身份成见，在当时的社会不可谓不是一位英明的君主啊。

西汉时期，汉武帝下诏求贤才："盖有非常之功，必待非常之人。故马或奔踶而致千里，士或有负俗之累而立功名。夫泛驾之马，跅弛之士，亦在御之而已。其令州郡：察吏民有茂才异等可为将相及使绝国者。"大意是：凡是要建立异乎寻常的功业，一定要依靠不同一般的人才能完成。因此，有的千里马不驯服而却能日行千里，有些有本事的人背着世俗不解讥议之名，却能够建立功名。难于驾驭的马，放纵不羁的人才，只不过在于人们如何驾驭、如何使用他们罢了。因此，命令州郡长官考察并向上推荐当地官民中具有超等杰出才能、可以担任将相以及能出使极远国家的人。这种不拘一格求人才的方式，被后来很多君王争先效仿。

[①] 王文升主编：《中国廉政勤政故事》，中国方正出版社2007年版，第187-189页。

东汉时的尚敏在他建议政府多立学校的一番议论中，主张任用官员必须以德优先。他说："所以制御四夷者，以有道德仁义。传曰：王者之臣，其实师也。其言道德可师也。今百官伐阅，皆以通经为名，无人能称。孔子曰：无而为有，虚而为盈，难乎有恒矣。自今官人宣令取经学者，公府考廉皆应诏，则人口专一风化可淳也。"①这就是说，中国之所以称雄于世，是因为有仁义道德。现在四夷慑服，更应该注重官员的道德，为人师表。官员的选拔应以道德是否高尚为标准。但是，东汉时期，由于国事所需，一些思想家主张广招人才。当时的人才，主要是孝廉和秀才两类，前者重操行，后者重才能。标榜以孝治天下的汉代，实际上只重操作而轻才干。由于当时的社会矛盾加剧，危机四伏，于是乎对有才干者的急需，以安国邦成为当时的主题。因为事实证明忠臣、孝子们无法对付大规模的农民起义。

东汉末年，天下大乱。为了夺取天下，获得人才的有效帮助，刘备礼贤下士，三顾茅庐，并拜布衣出身的诸葛亮为军师的故事至今仍广为传颂。当时，曹操坐据朝廷"挟天子以令诸侯"，而孙权拥兵东吴。在这样严峻复杂的政治格局之下，刘备深刻地认识到，要光复刘氏汉室，就必须广纳贤良。经谋士徐庶和司马徽推荐，闻说诸葛亮很有学识，又有才能，就像春秋时期的管仲和乐毅一样。刘备求贤若渴，当即就和关羽、张飞带着礼物赶到隆中卧龙岗去请诸葛亮出山来辅佐他。但不巧的是，恰好这天诸葛亮出去了，刘备没能遇到，只得失望而归。不久之后，他又听说诸葛亮回来了。于是，刘备又和关羽、张飞冒着风雪第二次去请。不料这次诸葛亮又出外闲游去了，刘备只好修书一封，表达自己对诸葛亮的敬佩之情和自己忧国忧民和建功立业之志，之后仍没有任何消息。时间很快就到了第二年的春天，刘备择吉

---

① 转引自肖群忠《君德论》，甘肃人民出版社1995年版，第120页。

日，斋戒，沐浴更衣，准备再去请诸葛亮。这时，关羽却不愿再前往，说诸葛亮也许是徒有虚名，未必有真才实学，所以故弄玄虚不敢前来相见。张飞则主张由他一个人去得了，如果诸葛亮不来，就用绳子把他捆来。刘备耐心细致地做好关羽的思想工作，又把张飞责备了一顿，并和他俩一起第三次来到诸葛亮居住的草庐。当他们到达的时候，已经是中午了，诸葛亮正在睡午觉。刘备不敢惊动他，就一直站到屋外耐心等待，直到诸葛亮醒来，才彼此坐下来交谈。诸葛亮见刘备礼贤下士，为人谦和，态度诚恳，志向远大，于是就答应出来全力辅佐他。后来，在诸葛亮的辅佐下，刘备联合孙权在赤壁大败曹操，取得益州和汉中，并最终建立了蜀汉政权。

事实上，在官吏的选拔和任用问题上，曹操率先倡导"唯才是举"的用人方针，并打破了德主才辅、德优于才的传统任用官吏之道。曹操是一位才华出众个性鲜明的枭雄，他集政治家、军事家和诗人的角色于一身，其风度气襟、雄才大略、治国之道和用兵之策无不给后人留下了深刻的印象。曹操的成功之处就在于知人善任，且不拘一格。在用人的问题上，堪称才胜于德、才优于德的典型代表。曹操早在起兵阶段就有过这样的观点："吾任天下之智力，以道御之，无所不可。"他从一开始就意识到了人才的重要性，为了实现一统中原的政治目的，曾先后三下《求贤令》广纳天下英才，被后世奉为爱才、惜才之典范。

公元210年春，曹操第一次发布《求贤令》："自古受命及中兴之君，曷尝不得贤人君子与之共治天下者乎？及其得贤也，曾不出闾巷，岂幸相遇哉？上之人求取之耳。今天下尚未定，此特求贤之急时也。'孟公绰为赵、魏老则优，不可以为滕、薛大夫。'若必廉士而后可用，则齐桓其何以霸世！今天下得无有被褐怀玉而钓于渭滨者乎？又得无有盗嫂受金而未遇无知者乎？二三子其佐我明扬仄陋，唯才是举，吾得而用之。"公元214年，曹操第二次下求贤令:"夫有行之士未必能进取,进取之士未必能有行也。陈平岂笃行,苏秦岂守信邪?而陈平定汉业,苏秦济弱燕。由此观之,士有偏短,庸可废乎!有司明思此义,则士无遗滞,官无废业矣。"公元217年,曹操第三次下求贤令:"昔伊挚、傅说出于贱人。管仲、桓公贼也,皆用之以兴。萧何、曹参,县吏也,韩信、陈平,负污辱之名,有见笑之耻,卒能成就王业,声著千载。吴起贪将,杀妻自信,散金求官,母死不归。然在魏,秦人不敢东向;在楚,则三晋不敢南谋。今天下得无有至德之人放在民间,及果敢不顾,临敌力战。若文俗之吏,高才异质,或堪为将守。负污辱之名、见笑之行,或不仁不孝而有治国用兵之术,其各举所知,勿有所遗。"要求下属和幕僚"举贤勿拘品行",各举所知,而勿有所遗,不拘一格地起用人才,把人无完人、慎无苛求、才重一技、用其所长的思想推向了顶峰,把唯才是举的思想运用到完美无缺的境界。①

在曹操看来,才德未必是一致的,即使是"不仁不孝而治之术",甚至有"污辱之名,见笑之行"的人,也能"成就王业"。曹操的这番论见,在当时可称得上石破天惊之举,由此引发了一场关于品行与才能的大讨论,即才性之辩。其中刘劭的《人物志》中所体现的新的德才观是引人深思的。刘劭认为,在仁、义、礼、智、信等德目中,"智者,德之帅也"。他强调了"智"的重要性,这就使道德与智能的关系相当于传统儒学而言产生了根本性变化。为什么说"智者,德之帅"呢?刘劭的回答是:"夫智出于明,明之于人,犹昼之待白日,夜之待烛火。其明益盛者,所见及远,及远之明难。"①智是由于明而产生的,明才能看得深远。只有在"智"的基础上的才能,"仁"、"义"等道德规范才能发挥作用。继《人物志》之后,才能和

---

① 王文升主编:《中国廉政勤政故事》,中国方正出版社2007年版,第246—248页。

操行关系的讨论更加广泛地展开,一直到两晋南北朝时期,先后出现了才性相同、才性相异、才性相离、才性相合等说法。

北宋时期,王安石也主张"唯才是举",他的德才观几乎与三国时期的曹操如出一辙。如王安石认为影响变法最大的障碍,就是秉持国政"安习故常而无所知"之"庸人"。因此,他主张:"尽取老病缪懦者与赃吏一例黜之",在用人的问题上,宁可用那些道德操守有玷污的才智之士,也不用那些因循废弛的庸人。宋代著名思想家、文学家、史学家欧阳修甚至说:"不材之人,为害深于赃吏。"因为"不材之人,不能驭下,虽其一身不能乞取,而恣其群下共行诛剥,更无贫富,皆被其殃,为害至深"。②明朝时期的内阁首辅张居正亦曾指出:"本朝则立贤无方,唯才是用。"并断言:"世必有非常之人,然后有非常之事;有非常之事,然后有非常之功。"清康、雍、乾三朝在用人上,也强调"宁用操守平常的能吏,不用因循误事的清官"。大学士、云贵总督鄂尔泰曾自述过他的用人心得:大小官员中,德才兼备的十分难得,须先取其才干,次论其操守德行。③

因此,从历史上看,以德为先或唯才是举这两种择官、任官和考察为官的理论虽然各不相同,但亦有着各自的合理之处。然而,随着时间的推移和社会政治经济形势的变化和发展,这些论见最终还是回到了中国儒家德优于才、德主才辅的传统观念,始终也没有跳出道德终极主义的思路。因为,在统治者看来,才始终只是达到德的手段,而不是目的。并且,在大部分社会成员的眼中,他们不太喜爱、也并不善于从情感上去接受那些个性张扬,恃才傲物或刚愎自用的所谓"才子"。

---

① 《八观》。
② 《欧阳文忠公集》卷九十七《上仁宗乞置诸路按察使》。
③ 《"治平尚德行,有事赏功能"——从曹操的用人之道谈"惟才是举"与"以德为主"的统一》,《党的文献》2006。

（二）德主才辅：勤政的伦理分析

德与才自古以来就是考察居官为政的两个重要维度。但问题在于，究竟是德优于才，还是才优于德，抑或德才同等重要，不可或缺呢？在德才之辩中，中国儒家始终关注的是对为官者德与才的双重考量，有关这一问题的深入探讨亦由来已久，并自春秋时期就开始从理论上强调德才结合，且德优于才、德主才辅的择官、察官和任官思想。

《论语·宪问》有这样的记述："子路问君子。子曰：修己以敬。曰：如斯而已乎？曰：修己以安人。曰：如斯而已乎？修己以安百姓，尧舜其犹病者。"这充分表明孔子主张通过君子自己的修身养性去完成安民、安百姓的政治事业。孔子主张"为政必以德"，在儒家经典《四书》的《大学》中亦指出："大学之道，在明明德，在亲民，在止于至善。"自秦汉以来的历代政治家、思想家们，大都强调以德为本。唐人吴兢在《贞观政要·论择官》中亦记载："贞观元年，太宗谓房玄龄等曰：'致理之本，唯在于审。量才授职，务省官员。'故《书》称：'任官唯贤才。'又云：'官不必备，惟其人。'若得其善者，虽少亦足矣。其不善者，众多亦奚为？古人亦以官不得其才，比于画地作饼，不可食也。《诗》曰：'谋夫孔多，是用不就。'孔子又曰：'官事不摄，焉得俭？'且'千羊之皮，不如一狐之腋'。此皆载在经典，不能具道。当须更并省官员，各当所任，则无为而理矣。卿宜详思此理，量定庶官员位。"①

宋代的司马光在撰写《资治通鉴》的过程中，深刻反思了这个古老而又弥新的问题，并详尽地阐述了他对于德与才的见解。司马光有关德才之辩

---

① 转引自杨建祥《儒家官德论》，江西人民出版社2007年版，第221页。

的分析和论见，基本上代表了中国传统儒家在择官、任官和考察为官等方面的理念。同时，亦道出了大多数中国人最基本的看法："臣光曰：智伯之亡也，才胜德也。夫才与德异，而世俗莫之能辨，通谓之贤，此其所以失人也。夫聪察强毅之谓才，正直中和之谓德。才者，德之资也；德者，才之帅也。云梦之竹，天下之劲也，然而不矫揉，不羽括，则不能以入坚；棠溪之金，天下之利也，然而不熔范，不砥砺，则不能以击强。是故才德全尽谓之圣人，才德兼亡谓之愚人，德胜才谓之君子，才胜德谓之小人。凡取人之术，苟不得圣人、君子而与之，与其得小人，不若得愚人。何则？君子挟才以为善，小人挟才以为恶。挟才以为善者，善无不至矣；挟才以为恶者，恶亦无不至矣。愚者虽欲为不善，智不能周，力不能胜，譬之乳狗搏人，人得而制之。小人智足以遂其奸，勇足以决其暴，是虎而翼者也，其为害岂不多哉！夫德者人之所严，而才者人之所爱。爱者易亲，严者易疏，是以察者多蔽于才而遗于德。自古昔以来，国之乱臣，家之败子，才有馀而德不足，以至于颠覆者多矣，岂特智伯哉！故为国为家者，苟能审于才德之分而知所先后，又何失人之足患哉！"①

这是记载在《资治通鉴·周纪一·威烈王》中的一段代表儒家德才之辩的经典论述。司马光将人区分为"圣人"、"愚人"、"君子"、"小人"四种，在他看来德才兼备是最理想的，故是"圣人"之所为，德才兼亡是最可悲的，故是"愚人"所为，德胜于才是"君子"，才胜于德是"小人"。从理想的角度来看，德才兼备者的"圣人"自然是择官、为官的最佳人选。但在现实生活中，德才兼备者并不多见，往往只有少数的一部分人，可遇而不可求也，而德才不可兼得者往往居多数。那么，德与才总得有个先后吧？

---

① 《资治通鉴·周纪一·威烈王》。

司马光则认为择官应以德为先，只有"圣人"和"君子"才可以重用，如果实在没有这样的人选，则"与其得小人，不如得愚人"。故在择官中决不能以才为先，否则就如春秋时期的晋卿智伯一样，自取灭亡。因为，在司马光看来，"才者，德之资也，德者，才之帅也"。为之，他还总结出一条重要的历史教训："自古昔以来，国之乱臣，家之败子，才有余而德不足，以至于颠覆者多矣！"对此，司马光明确地指出："取士之道，当以德行位先，其次经术，其次政事，其次艺能。"由此，司马光德优于才的思想观念可见一斑。

司马光"德胜于才"道出了中国古代择官和官员为政由来已久的道德传统和基本价值取向，它深厚地扎根于中华民族传统文化的根基之中，具有广泛而又深刻的影响。晚清时期，曾国藩亦为此颇有感慨，他根据司马光的德才观并结合自己的为官体验，写了一篇名为《才德》的心得体会："司马温公曰：'才德全尽，谓之圣人；才德兼亡，谓之愚人；德胜才谓之君子，才胜德谓之小人。'余谓德与才不可偏重。譬之于水，德在润下，才即其载物溉田之用；譬之于木，德在曲直，才即其舟楫栋梁之用。德若水之源，才即其波澜；德若木之根，才即其枝叶。德而无才以辅之则近于愚人，才而无德以主之则近于小人。世人多不甘以愚人自居，故自命每愿为有才者；世人多不欲与小人为缘，故观人每好取有德者，大较然也。二者既不可兼，与其无德而近于小人，毋宁无才而近于愚人。自修之方，观人之术，皆以此为衡可矣。吾生平短于才，爱我者或谬以德器相许，实则虽曾任艰巨，自问仅一愚人，幸不以私智诡谲凿其愚，尚可告后昆耳。"可见，在德才孰优的问题上，曾国藩基本上是赞同司马光的观点的，但同时他认为二者又不可偏重，譬如水、木之用。而在才德二者不可兼得的情况下，亦即当才德发生矛盾冲突时，他则与司马光如出一辙，"与其无德而近于小人，毋宁无才而近于愚人"。

在中国古代，这种德优于才的价值取向几乎贯穿了所有的朝代，历朝历代的统治者在选拔、任用官吏和考察官员为政的问题上亦差不多持此观念。三国时期，曹操"唯才是举"的用人之道虽为后世所称道。曹操的"求贤令"似乎给后人一种印象，认为他只重视人的才能而不重视德行，其实不然。据《三国志·魏书·武帝纪》中记载："议者或以军吏虽有功能，德行不足堪任郡国之选。所谓'可与适道，未可与权'……治平尚德行，有事赏功能。"①可见，曹操并非只重视个人的才能，而不论德行，而是认为在和平的环境中治理国家，需要崇尚的是个人的德行，选拔或任用官（军）吏时就应坚持以德为先的用人方针。而在国家处于困难之际，尤其是治"乱世"或开"新国"之时，就应坚持不拘一格、唯才是举的用人之道。因为，此时国家最为需要的是有才的能人异士，而不仅仅是一个道德操行超群的"好人"。

由此可见，德与才何者优先，孰主孰辅，关键就是看谁更符合统治阶级的统治需要。唐太宗坚持德重于才并贯彻在他的执政实践中，就是一个鲜活的例子。贞观六年，唐太宗对魏征说："古人云，王者须为官择人，不可造次即用。用得正人，为善者皆劝；误用恶人，不善者竞进。"魏征对曰："知人之事，自古为难。故考绩黜陟，察其善恶。今欲求人，必须审访其行。若行其善，然后用之，设定此人不能济事，只是才力不及，不为大害。误用恶人，假令强干，为害极多。但乱世唯求其才，不顾其行。太平之时，必须才行俱兼，始可任用。"②唐太宗确实是按照德才兼备，以德为先的原则选拔任命官员的。贞观初年，交州都督以贪污冒领失职，一时没有合适的人选补任。后来就推举了"文化兼备、廉正平直"的卢祖尚。

---

① 转引自杨建祥《儒家官德论》，江西人民出版社2007年版，第223-224页。
② 《贞观政要·择官第七》。

从统治者角度看待德与才，往往是选择以德为先。当然，这并非是完全否定才的作用，而是因为德与才相比较而言，德更加符合统治者的统治需要。在明朝建国之初，很多能人异士闭门不出，或隐居山林之中，不想通过科举的方式来跻身仕途。明太祖朱元璋为了访求人才，于洪武元年下诏曰："天下之治，天下之贤共理之。今贤士多隐岩穴，岂有司失于敦劝欤，朝廷疏于礼待欤，抑朕寡昧不足致贤，将在位者壅蔽使不上达欤。不然，贤士大夫，幼学壮行，岂甘没世而已哉。天下甫定，朕顾与诸儒讲明治道。有能辅朕济民者，有司礼遣。"①同年十一月，又遣使在全国访求贤才。三年春正月，再诏求贤才可充任六部者。然而，人才的招揽工作仍不尽其意。洪武六年，朱元璋突然下谕罢科举。关于科举暂被废置的原因，朱元璋曾解释说："科举之设，务在经明行修，文实相称之士以资任用。今有司所取，多后生少年，观其文辞亦若可用，及试用之，不能措诸行事。朕以实心求贤，而天下以虚应之，非朕赍实求贤之意也。今各行省宜暂停科举，别令有司察举贤才，必以德行为本而文艺次之。"②同时，朱元璋还将察举贤才的具体标准定为："曰聪明正直，曰贤良方正，曰孝弟力田，曰儒士，曰孝廉，曰秀才，曰人才，曰耆民。"③清康熙年间，吏部有大臣向康熙进言择官曰："臣愿陛下慎选贤才，以克阙位。选之有三：一曰德，二曰量，三曰才。所谓德者，刚健无私，忠贞自守，非庸庸碌碌，无毁无誉而已。所谓量者，能受善言，能容贤才，非包藏隐忍、持禄保位而已。所谓才者，奋发有为，应变无穷，非小慧辩捷，圆熟案牍而已。备此三者，然后可胜股肱之任。"康熙则对他说："国家用人凡才优者固足任事，然秉资诚厚者亦于佐理有裨。比部院中

---

① 《明史·本纪第二·太祖二》。
② 《明通鉴·卷五·纪五·太祖洪武六年》。
③ 《明史·志第四十七·选举三》。

亦有一两才优之人，所以未即升擢者，因其有才又能循分，故欠任之。朕听政有年，见人或自恃有才辄专恣行事者，思之可畏。朕意必才德兼优为佳，若止才优于德终无补于治理耳。"①在康熙看来，尽管人才之重要，而选拔人才的标准以德才兼备者为最佳，但还是要把德放在首位，因为才与德相比，德对于治理国家更为重要。因此，德主才辅、德优于才的观念在中国古代社会占据了主要地位。

从另一个层面来分析，统治者眼中之"德"，并非绝对意义上的唯德论者，亦还含有德才兼备之理想性要求，意即是在德的基础上以求才之兼备者甚佳，如果才德不可兼得则取德去才，这就有了"贤"的规范。重德轻才作为中华民族的一种传统价值观念，它实际上是建立在任人唯贤基础之上的。《礼记·礼运》："大道之行也，天下为公，选贤与能，讲信修睦。"《中庸》说："仁者，人也，亲亲为大。义者，宜也，尊贤为大。亲亲之杀，尊贤之等，礼所生也。"儒家倡导施仁政，崇尚礼治、德治，不可避免地会导致所谓的"贤人政治"，即只要是贤者就可担当起治国安民的重任。这里的"贤"，实际上就是强调德行，"能"就是才，居"贤中的次要地位"。尽管中国文字里的"贤"是德才兼备之义，但德在"贤"中仍占据主导地位，故有荀子的"尚贤使能"之说，从君子到老百姓，皆以修身为本，作为居官为政者更应如此。

任人唯贤相对于任人唯亲无疑是一种历史进步，但由于封建社会的世袭制，实际上亦不可能从根本上实现任人唯贤。当"贤人"利益与"亲人"利益发生产冲突，危及到家族统治时，也就会以牺牲"贤人"利益作为代价。中国历代知识分子，学而优则仕，最终也只不过是一种工具而已。当统

---

① 《康熙治国圣训·论择官第十》。

治者需要你时，你就是人才；当统治者不需要你时，你就是"臭老九"，靠边站。所以，在中国封建社会，任人唯亲与任人唯贤本质上是一致的。因为"贤"的主要成分是德，而你有德无德，是统治者说了算，对统治有利就是有德，否则就是无德。历代统治者为什么不敢用"敌我之才"，就是怕"犯我"、"犯亲"。如果在"亲者"中有"贤人"，肯定是首先考虑任用的对象。如果"亲者"中无"贤人"，就在亲之外找贤人，所谓纳贤。他之所以是"贤"，首先必须是"亲"我，而不是"敌"我、"疏"我。所以任人唯贤只不过是任人唯亲的一种无奈的补充。不可能真正实现"唯才是举"和"不拘一格"。只有代表广大人民群众利益的无产阶级才可能真正任人唯贤。毛泽东就认为，共产党的干部政策，应是以能否坚决执行党的路线，服从党的纪律，和群众有密切的联系，有独立的工作能力，积极肯干，不谋私利为标准，这就是"仟人唯贤"的路线。

说到底，重德轻才的价值观同泛道德主义、道德终极主义价值观是一致的，都是统治者出于维护统治利益的需要。不可否认，重德轻才的价值观，在保证人才发挥才能的道德方向、防止奸佞之人居于高位，维护政权的稳定等方面确有保证作用。但重德轻才的根本性错误是把德与才绝对对立起来，看不到才本身就是德之要义，是德之基础；德也是一种才，"德性就是力量"。当然，之所以会形成重德轻才的传统，主要是与统治者的需要有关。任何一个统治者都不会重用能力高于自己的人，而只喜欢忠于自己的人，因为他们并不表现人民的利益，而只是少数人的利益，不可能具有广纳人才的宽阔胸怀，只能是为我所用。因此，重德轻才，也是统治阶级利益狭隘性的反映。

我们从历史的跌宕起伏返回到社会现实之中，从孔子倡导德优于才到宋代司马光视"才胜于德"者为"小人"，再到新中国建立初期批"走白专道路",从某种意义上看,重德轻才已成为中华民族的一种传统价值观念。在人们的思想意识之中,基本上是把德与才对立起来,故崇德抑才。而以德为先、德主才辅的思想观念和行为模式,也造就了中国人争当"好人"的人格倾向性,一代代、一批批无用的"好人"、无能的"好官"、著名的"无名英雄"被塑造出来,贤人政治变成了庸人政治,祸国殃民。新中国成立以来,我国在相当长一段时期内,尽管倡导德才兼备,又红又专,但在实际操作中仍然是实行重德轻才的政策。在治国方略上批"唯生产力论";在专业技术领域批"走白专道路";在教育领域是"宁要社会主义的草,不要资本主义的苗";平民百姓为了生计种点瓜菜也当成了"资本主义的尾巴";选拔干部主要是看"三忠于"、"四无限",谈何才能的重用与发挥?在"左"的错误影响的年代,由于对人才素质进行了错误的断定,大力批判"走白专道路",不但丧失了知性,而且也丧失了德性,搞得人妖颠倒,人鬼不分。拨乱反正后又出现了另一种口号:"宁要有缺点的能人,不要没有缺点的庸人"。于是大批"能人"脱颖而出。一些红得发紫的"改革家"、"企业家"如今有的成了阶下囚;有的手持大权,吞食着社会的财富,成为腐败分子。因此,我们对人才的素质要求始终处于走极端。十一届三中全会以后,邓小平提出了"选贤任能"的命题,这实际上是对任人唯贤思想的某种扬弃。邓小平在1982年1月中共中央政治局讨论中央机构精简会议上指出:"选人要选好,要选贤任能。选贤任能这个话就有德才资的问题。贤就是德,能无非就是专业化、知识化,有实际经验,身体能够顶得住。"[①] 选贤任能把任人唯贤的"贤"发展为"贤"和"能"两个方面,进一步揭示了人才的内涵,突出了"能"的素质要求;选贤任能对人才智能提出了新要求,

---

[①]《邓小平文选》第二卷,人民出版社1994年版,第400页。

"能"必须专业化、知识化；选贤任能不但体现了人才使用的公道正派的传统美德，而且体现了公平竞争的现代观念。

正是在这样一种思想的指导下，尤其是近年来，随着《公务员法》的颁布实施以及"领导干部公开选拔制度"的不断推行，一大批德才兼备的干部，尤其是有才干的干部脱颖而出，他们甘当社会的改革家、实干家和弄潮儿，从而给官场带来了生机，给人民带来了希望和实惠。不过，在现实生活中，我们仍经常会看到，不少有才之人要遭更多的议论和指责，承受更多的压力和委屈。做能人难，成为一个普遍存在的现象。这除了社会还存在"枪打出头鸟"、"木秀于林，风必摧之"的文化氛围外，与一些领导干部仍以"顺我者昌、逆我者亡"、任人唯亲的标准有关。有才能的人得不到重用，被任用的人，其才能又得不到充分的发挥，常被微乎其微的道德瑕疵压制，这于国于民都是不利的。在现代中国，应当有一种新的道德标准来评价人才，把才纳入德的范畴来认识，摈弃那种无才之德，不要那些无能的所谓的"好人"、"庸官"，而给那些能人和强者提供更多、更宽松的道德环境，以利于社会主义事业的发展，从而加快实现中华民族的伟大复兴。

（三）以才观德：勤政的伦理意蕴

在择官和考察为官的问题上，德与才是对居官为政者提出的一项总体性要求。不论是德主才辅、德优于才的价值观念，还是不拘一格、唯才是举的价值取向，不可否认的是，德才兼备者始终是管理者以及人民大众最理想的期盼。然而，"人无完人，金无足赤"，在现实生活中，"德才合一"、"德才兼备"的理想状况其实并不多见。理论上讲德才兼备，而实际上有才无德、有德无才者甚多。即便如此，但人们仍寄望管理者能通过二者的平衡给社会治理带来善政，给人民大众生活带来福祉。在这样一个背景下，中国儒家坚持道德优先的识才之法有其合理之处，然而放在具体的实践操作层面，实际上却又不那么容易。仅从一个人善的行为或是根据大多数民意去判定一个人是否真正有德，并作为择官和考察为官的主要依据，这在事实上也并不完全客观。因为，道德与德性本身就是一个很难判定和准确把握的东西，政客们"口蜜腹剑"和"表里不一"本身亦是一件较为常见的事情。

据《资治通鉴·唐玄宗天宝元年》中记载，唐玄宗时期的著名奸相李林甫（？～752年）"尤忌文学之士，或阳与之善，啖以甘言而阴陷之。世谓李林甫'口有蜜，腹有剑。'"据史料记载李林甫出身于李唐宗室，是李渊叔伯兄弟李叔良的曾孙。初为千牛直长（宫廷侍卫）。开元初，迁太子中允。不久通过他舅姑夫的叔叔侍中乾曜的关系，升至国子司业。开元十四年（公元726年）迁为御史中丞，隶管刑部、吏部侍郎。至此，他已跻身李唐高层统治者行列。李林甫和一般人接触时，表面上总是表现出非常谦恭、和善，嘴里能说尽人们喜欢听的充满善意的话。可在实际上，他的真实性情和表面态度却截然相反，是一个非常阴险狡诈的人，想尽坏主意来算计人和谋害人。李林甫对于才名高和受到玄宗重视的官员，表面上甜言蜜语交结，背后则必定设法进行排斥，甚至阴谋暗害。有一次，他装做很诚恳的样子对同僚李适之说："华山出产大量黄金，如果能够开采出来，就可大大增加国家的财富。可惜皇上还不知道。"李适之以为这是真话，就连忙跑去建议玄宗进行开采，玄宗一听很高兴，立刻把李林甫找来商议，李林甫却说："这件事我早知道了，不过华山是帝王风水集中的地方，怎么可以随便开采呢？别人劝您开采，恐怕是不怀好意；我几次想把这件事告诉您，只是不敢开口。"玄宗被他这番话所打动，就认为他真是一位忠君爱国的臣子，反而对李适之大为不满,逐渐将他疏远了。同期,与李林甫共事的中书侍郎严挺之为人性格耿直,他看不惯李林甫的做法,对其十分鄙薄。李林甫便在皇上面前经常说严挺之的坏话。唐玄宗信以为真,就把他贬斥到河南洛阳。又过了一段时间,唐玄宗向李林甫提起严挺之。李林甫看出玄宗想提拔他,于是,他托人转告严挺之,说皇上问起他的病。严挺之便上书皇上请求上京治病。玄宗得知挺之有病,从此就打消重用他的念头。

李林甫为官无特别的才学,却特别善于钻营并伪装自己,极尽逢迎谄媚之能事。他为了个人升迁,不仅一味迎合唐玄宗的意旨,还用各种不正当的方法去结交玄宗亲信的宦官和妃子。因而获得信任,逐渐掌握了大权。当时武惠妃受唐玄宗专宠,惠妃之子寿王,极得玄宗钟爱。李林甫就托宦官禀告惠妃,"愿护寿王(李瑁)为万岁计",即是说,他将拥护寿王登上皇帝宝座。惠妃闻禀感激涕零,在玄宗面前经常称颂李林甫之"德政"。因谄附唐玄宗宠妃武惠妃,擢为黄门侍郎。开元二十二年(734年)拜礼部尚书、同中书门下三品。同朝为相的张九龄、裴耀卿、李适之等皆被他排挤罢相。为了专权固位,他竭力阻塞言路,补阙杜进上书言事,被他贬为下邽令。他对朝臣说:"君等独不见立仗马(作为仪仗的马)乎,终日无声而饫三品刍豆,一鸣则黜之矣。"朝臣受其威胁,从此谏诤路绝。自张九龄被罢相后,独揽朝政,同列宰相牛仙客、陈希烈都因怕他而不敢问事。天宝八载(749年),咸宁太守赵奉璋拟揭发林甫罪状二十余条,被他指使御史台以妖言逮捕杖杀。就这样,李林甫凭借着这套特殊的本领久踞相位十九年,唐玄宗晚年政治腐败,李林甫负有很大的责任。

与李林甫相类似,唐朝时期,还有一个中书侍郎叫李义府,他平时行动和表情,都显得非常忠厚和温和。而且,不管和谁说话,一定先自己咧开嘴笑,表现出十分诚恳和善良的样子。但他的内心却十分刻薄、奸诈,经常使用阴险的计策害人。日子久了，人家发现了他这种虚伪的面具，就在背地里称他"笑里藏刀"。像李林甫和李义府这样的政客，其实是非常可怕的。因为他们表里不一，且非常善于伪装自己，满口"仁义道德"，行为上也表现为"正人君子"之行，背后则阴险奸诈、口蜜腹剑，难以识别。若是以表面之"德"取人，就难免会用人失察，给国家的发展和百姓生活带来巨大伤害，甚至还可能引发一场官场的"政治地震"。因此，如何"看清人、识准人，选对人"，这对于落实和发展"德才兼备、以德为先"的用人标准就具有十分重要的意义。

当然，若能依据一个人内在的思想意识或情感去判定某人是否有德，就准确得多了，但这几乎又是不可能的事情。因为人的思想意识或情感都是动态的，在人的思想意识或灵魂深处，可能除本人之外，很难再有人能够真正地认识、了解和把握一个客观的"自我"，以及清楚自己最真实的德性。因此，如何把"德"的标准摆到适当位置，并使之尽可能量化和客观化，这是人才管理部门一件十分紧迫而又具有十分重要意义的工作。但这亦可能是一道难以攻克的难题。因为，人们可能很容易地制定出一套缜密的制度用以规范和评价人的外在行为，但实难通过掌握某种方法或发明某种仪器来识别、判断、约束和掌控人的思想意识或情感，并且，即使有这种可能，我们也不能这样去做。

因此，与其对居官为政者打上"又红又专"的道德烙印，还不如实事求是地去承认事实上每个人都不可能成为一个"道德圣人"——且不论人们通过何种方式去教化、修为或强制规制，这委实是不可能的。从客观层面上讲，一个自然而又真实的人，其实都具有两面性，是一个矛盾的统一体。因此，就或多或少都存在着一定的自利性，或者说有非道德的一面或者说存在一定的道德缺陷或不足之处。不同的是，人们理解、接受并克制自我遵守道德规则的程度不一，从而表现出来道德水平的高低。可问题是，人们为什么要遵守道德规则呢？一种理论认为，每个人要想在社会上生存发展，就必须进行交往，并获得被交往的人所认可。因此，就不得不去遵守那些与之相应的普遍规则，而这些规则可以表现出为一定的法律、道德、社会制度或其他社会规则等等，也可能人们在内心深处并不想去遵守它，但在外在的客观行为上却不得不表现为暂时屈服或主动遵从。久之，就逐渐形成了是非观念、习惯、内心的道德信念等。换言之，当我们选择不同的社会角色就必须承担相应的角色道德责任，不论你是否信守它，但亦不能违戒，否则就不能担当起相应社会角色的重任，这尤其对于居官为政者更应该如此，或者相比于一般的社会角色来说，对官员提出的角色道德要求还要更严、更高。

不过，与判断一个人是否真正有"德"相比较，才作为一种外在的客观行为、现象或结果却很容易被人识别、察觉和认可。道德不可以被简单地量化，而人的才能却可以通过一系列的指标进行比较客观的评价。如"才"可以有硬指标，如学历、学位、职称、成果等，才也可以有软指标，比如某个人能说、会干，拥有一技之长等。而"道德"在这方面却很难有量化的指标，即使有一些考核标准，也因其模糊和灵活而带有很大的随意性，并不十分客观。因此，以才观德，进行选贤任能就变得十分必要，并且相对于用人唯道德论者来说亦更加客观、合理。我们可能无法判定或保证一个有德的人就必然不会干坏事，但却可以通过一系列的考核指标来明确地断定一个人是否具有某项才能。一个人的德性具有不可确定性，但一个人的才能却可以用来被证明。同时，人们可以很容易伪装成一个高尚的道德君子，但一个人的才能是要工作实绩来说话，想要长期地伪装下去却不是一件很容易的事。从另一方面说，即使我们任用了那些有突出才能而在道德上或曾有过某些瑕疵的人，只要他不再违反角色道德规范的要求，一样可以发挥他的才能为社会和百姓服务。尽管他在道德方面可能并不完美，但就其承担的社会角色来说，只要是称职则尚可。假如他恃才而居功自傲，或对其充当的社会角色和道德规则不以为然，胆敢以身挑战法律、道德规范的底线，我们亦很容易地通过相应的社会制度对其进行规制，从而将政治和社会不良影响降至尽可能低的范围。即便是如此，这相对于那些居其位不谋其政、无能的"好官"、"庸官"、"懒官"和"昏官"来说，还是要好得多。

从某种意义上说，以才观德落实在官员的考察、选拔和任用上，是对"德才兼备、以德为先"的用人标准和理念的新发展，其主要目的是为了突出强调为官者的才能和政绩对应其领导工作岗位和身份角色的重要性，并非是为了否定道德存在的作用。相反，一个人具有高尚道德情操的人，"德"往往更能促进其才在社会政治经济领域的施展，提升其为经济社会服务的能力。实事上，如果我们以才观德，就会发现才德的关系并非完全像司马光所说的那样："才者，德之资也；德者，才之帅也"，如果对于居庙堂之高的为官者来说，居其位不谋其政、不思进取或碌碌无为，无才、无功则无异于缺德。因此，在官员的选拔任用上，亦应更加注重德才兼备，重在突出工作能力和实绩，树立才中有德，德须有才的才德观，或许对于我们今天身处显位、身负要责的官员来说更具有现实意义。尤其是在"滑官"、"昏官"、"庸官"和"懒官"充斥的当下，突出以才能论英雄，从才能看官德，由实绩观才德，无疑会对新时期加强官德建设，提高官德水平带来一股清新的空气和新的希望。

当然，以才观德亦非是说有才就必然能够建功立业、造福社会和老百姓，能否真正地做到为官一任、造福一方，践行执政为民的从政理念，关键还须看为官者如何运用才，其目的和出发点是为社会公众，还是为了谋一己私利。因此，以才观德，它实际上内含了三个层面的意思：一方面，为官必须具备担任与其领导工作岗位相适应的专业知识、专业技能和行政管理工作能力，这是从政为官的一个最基本的前提。为官者只有具备了担任其领导工作岗位的专业知识、专业技能和一定的行政管理能力之后，才有能担任和履行其职务的资格。不仅如此，即便在领导工作岗位上，仍要在工作中不断注重加强学习，要勤学、勤思、躬亲、充实、科学和高效，不断地充实和提高自身的领导工作能力和水平，只有这样，才能更好地为经济社会服务。另一方面，为官者还必须具备一定的道德素养。俗谚曰："当官不为民做主，不如回家卖红薯。"为官者要牢固树立"官无政绩以为耻"、"为官无功便是过"、"官无政绩就是缺德"等道德观念，见贤思齐，见不贤而内自省。通过自身的修为，从而不断提高自身的道德素养和道德水平。人事组织部门在考察和任用官员时，要客观公正。既不能搞带"病"提拔，也不能视"病"不见，对于有明显道德问题的官员，绝不能将其任用到领导工作岗位上去，对于才绩突众但道德品行不足的官员，也不能以才绩来代替道德品行的不足。第三，为官必须有所作为，有为才有位。对于从政者来说，政绩是考察为官的核心要件，考察官员就要用实实在在的政绩说话。为官者在领导工作岗位上，居其位则须谋其政，要关注民生、勤勉工作，认认真真、踏踏实实地为百姓办实事，做好事，从而履行为官一任、造福一方的道德责任和义务要求，践行勤政为民的政治抱负和从政理念。

第二章

为民：勤政的内在德性

勤政为民是执政者基本的官德体现，在中国传统的文化道德思想和政治实践中，"勤政爱民"始终是强盛的王朝中不变的主题。勤政为谁，到底是完全利他，还是己他两利的过程，是每个勤政的官员必须做出的道德抉择。随着时代的变迁，公民的民主意识不断加强，人民与官员的关系产生了翻天覆地的变化，全心全意为人民服务的公仆精神成为勤政为民的思想净化剂。

一、民为邦本：勤政为民的理论溯源

（一）儒家的民本思想

孔子将"仁"作为政治行为的最高规范，认为"能行五者于天下，为仁矣，即恭、宽、信、敏、惠。恭则不悔，宽则得众，信则人任焉，敏则有功，惠则是以使人"。① "仁"不仅是做一个君子的典范，更是处理人际关系的基本原则。在《论语》中，关于人际关系的论述包括君臣、父子、兄弟、朋友之间的道德关系，并提出首先要克制自己，自律自省，如此才能推己及人，从而实现礼治。孔子曾说："克己复礼为仁，一日克己复礼，天下归仁焉。为仁由己，而由人乎哉？"所谓克己就要做到"非礼勿视，非礼勿听，非礼勿言，非礼勿动"。② "仁"的思想中本身就包含了"推己及人"的道德要求，这是实现仁道的一种基本途径。弟子仲弓问"仁"，孔子回答"己所不欲，勿施于人"，"夫仁者，己欲立而立人，己欲达而达人。能近取譬，可谓仁之方也已"。因此，推己及人是实现仁的关键所在。"己之所欲，亦施于人"也就是"尽己为人"，表达的是推己及人的肯定方面，也就是孔子所称作的"忠"；"己所不欲，勿施于人"则是其否定方面，将其称为"恕"。此外，"仁"还包括孝、悌这些处理君臣、父子、兄弟、夫妇等关系的具体原则。

---

① 《论语·阳货第十七》。
② 《论语·颜渊第十二》。

孔子将"礼"与"仁"相联系，认为"为仁由己"，就是说人应该自觉克制自己，严格要求自己，从而使自己的行为合乎"礼"的规范，如果每个人都能如此，就能够达到"天下归仁"的境界。"礼"本身在周代形成了一套确定和调整人们社会政治地位及等级名分关系的行为规范。而孔子将"周礼"提升到政治哲理的一个重要范畴来讨论，并且对于"礼"的学说加以新的诠释和定位。孔子认为"礼"是衡量一切事物的标准，主张任何事都应以是否符合"礼"的标准明辨是非。其次孔子将"礼"作为治国的根本，认为只要统治者依"礼"行事，便能维持统治地位，"君子博学于文，约之以礼，亦可以弗畔矣夫"[1]。这是因为"上好礼则民莫敢不敬"，"上好礼，则民易使也"[2]。这里也认为修身是一切的根本，同时也是治国安邦的基础，执政者需要做到严于律己，"欲而不贪"，只有本身具备了高尚的道德品质，才有治人的立场。荀子在继承尊师思想的基础上，对于"礼"有了更进一步的认识，"礼"在荀子的思想体系中占有极其重要的地位。首先荀子认为"礼"是做人为政的最高标准，"人无礼则不生，事无礼则不成，国家无礼则不宁"[3]，"礼者，治辨之极也，强国之本也，威行之道也，功名之总也，王公由之所以得天下也，不由所以陨社稷也"[4]；其次"礼"是人们必须遵守的行为准则，"礼之于正国家也，如权衡之于轻重也，如绳墨之于曲直也，故人无礼不生，事无礼不成，国家无礼不定"[5]；第三"礼"产生于调节人类欲求的需要，"礼起于何也，曰：人生而有欲，欲而不得，则不能无求，求而无度量分界，则不能不争，争则乱，乱则穷"[6]；第四"礼"是确认等级关

---

[1] 《论语·雍也第六》。
[2] 《论语·子路第十三》。
[3] 《荀子·修身第二》。
[4] 《荀子·议兵第十五》。
[5] 《荀子·大略第二七》。
[6] 《荀子·礼论第十九》。

系的一种规范,"礼者,贵贱有等,长幼有差,贫富轻重皆有称者也"①。

最后说的是"德"。道德至上,是儒家行政伦理学说的中心命题。对儒家而言,政治乃是道德的延伸和外化,因此,他们特别强调道德在政治生活中的作用,主张政治与道德应该合二为一。孔子把行德政看成是最基本的治国方略。"为政以德,譬如北辰居其所,而众星拱之"②的政治言论便是有力的证明。在孔子看来,"德政"的具体内容包含有如下几个方面:第一,重视教化的作用。其曰:"导之以政,齐之以刑,民免而无耻。导之以德,齐之以礼,有耻且格。"③认为只有以道德去教化引导群众,百姓才能从思想上服从统治。第二,主张实行"宽政",强调"宽猛相济"。孔子认为"宽则得众",只有在"化之弗变,导之弗从,伤义以败俗"之后,才"于是乎用刑矣"④,从而达到"宽以济猛,猛以济宽"的政治手段。第三,强调民的重要性。其重民理念的主旨在于"保民"、"惠民"、"恤民"、"养民"、"富民"。孔子认为百姓注重的并非是统治者是谁,而注重的是自身的切实利益,只有保全百姓的利益,因势利导才能使他们听从统治。第四强调统治者要"以身作则"。"克己复礼为仁"⑤,"修己以敬,修己以安人"、"修己以安百姓"⑥、"躬身厚而薄责于人"⑦这些至理名句无不体现出凡事从自身做起这一政治理念对于统治者治国的重要性。第五,强调举贤才。法律、制度即使再完善,最终都是需要人去落实和执行,没有人才的保证,一切都是空谈,孔子以"任人唯贤"为选才的中心思想,不认为人才难以得到,关键在于愿不愿意发掘和使用,呼吁统治者充分运用周围的可用之人、可造之

---

① 《荀子·富国第十》。
② 《论语·为政第二》。
③ 《论语·为政第二》。
④ 《孔子家语·刑政三十一》。
⑤ 《论语·颜渊第十二》。
⑥ 《论语·宪问第十四》。
⑦ 《论语·宪问第十四》。

材，从而创造统治利益的最大化。第六，强调中庸之道。"中庸之为德也，其至矣乎，民鲜久矣"①，中庸之道就是不偏不倚，调和持中，恰到好处。中庸之道虽然较难把握，但却是衡量统治者施政的一把标尺。只有达到思想、法律、制度、经济、民生的多重和谐，才能发展和强化统治的持久性与延续性。孔子的这些德政思想，关键还是在于"以德治国，施政有道"，而关于"政道"的施"德治"方面孔子的继承者孟子也有独到的见解。孟子德治思想的核心即"仁政"，认为治国平天下之道必须是"王道"而非"霸道"，王道在于"以德行仁"。其曰："以德服人者，心悦而臣服也，以力服人者，维心服也，力不瞻心。"②孟子认为，王道的中心主旨在于"老吾老，以及人之老，幼吾幼，以及人之幼"③，只有将善性推广到人民身上，才能治国安天下，而王道的实质还是在得民心。"得天下有道，得其民斯得天下矣，得其民有道，得其心斯得其民矣"④，孟子如此重民的思想是因为他深知人民是国家构成所不可缺少的要素，他同时号召统治者应当民贵君轻，顺从民意。可以说不管是孔子德治思想的六大要点，还是孟子德治思想的"王道"、"民心"，都基本围绕着统治者在治国过程中"以政为纲，以德为基，以人为本"的方针，而作为后世之人的唐太宗很好地传承了孔孟的德治之道，并在贞观时期得到进一步的丰富和发展。

（二）传统的君民理论

在中国古代政治哲学体系当中，君民关系一直都占有非常重要的地位，

---

① 《论语·雍也第六》。
② 《孟子·公孙丑上》。
③ 《孟子·梁惠王上》。
④ 《孟子·离娄上》。

并被历代君主视为治国的关键。早在《尚书·舜典》中，就有从伦理规范的层面把君民关系定义为"百姓不亲，五品不逊"，而《尚书·大禹谟》中则从政治规范的角度认为"德惟善政，政在养民"，呼吁君主不要让个人私欲违背人民的利益，强调善政在于养民，要让百姓能够食无忧，寝以安。这恰恰就是行德政的表现，是以德养民。进入春秋战国以后，君民关系有了新的定义，君是统治者；民是劳动者、纳税者、被统治者，他们与君形成了彼此对立、相互依存的关系。在这样一对政治关系中，最基本的问题即是民是否服从君的统治。"举直错诸枉，则民服；举枉错诸直，则民不服"①，是孔子对这个问题的回答。他把统治者视为君民政治关系的主导面，要求君要"举直错诸枉"公正地对待百姓，并指出"出门如见大宾，使民如承大祭。己所不欲，勿施于人，在邦无怨，在家无怨"②，这就告诉统治者要敬民、尊民，以仁养民。虽然孔子把民置于被统治地位，但却强调予民以仁，给民以平等的地位和权力，不失为一种原始的民主思想。孟子传承了孔子的"施行政于民"，把君民关系扩大为劳心者与劳力者的关系，提出"劳心者治人，劳力者治于人"③，强调得民心的君民策略。荀子则提出了著名的民水君舟论："君者，舟也；庶人者，水也。水则载舟，水则覆舟。"④而《贞观政要》有关这段文字的引用，反复出现在《君臣鉴戒》、《教戒太子诸王》、《论灾祥》等章节之中，在前人的思想基础上，将君民关系升华到了一个哲学的层面。开篇唐太宗就提出："为君之道，必须先存百姓。若损百姓以奉其身，犹割股以啖腹，腹饱而身毙。"⑤这一政治主张，不但高度概括了人类社会文

---

① 《论语·为政第二》。
② 《论语·颜渊第十二》。
③ 《孟子·滕文公上》。
④ 《荀子·王制篇第九》。
⑤ 《贞观政要·君道第一》。

明期开始后的民本主义，更是用一种唯物主义的观点来解释君与民的内在联系，具有丰富的学术研究价值。隋炀帝败亡的历史经验教训，农民起义及人民群众的无比威力，令贞观统治集团深刻认识到民众力量的可畏。随即唐太宗提出"可爱非君？可畏非民？天子者有道则人推之而为主，无道则人弃而不用"[1]的思想，强调君主宽政惠民，民众拥护；反之君主就得垮台。这对企图永享"天命"，希望长享富贵的统治集团而言，无疑成了必须关心的重大问题。接着唐太宗提出"君依于国，国依于民"的观点，并用割股啖腹，腹饱身毙这样极端的比喻来说明。"君富而国亡，故人君之患，不自外来。常由身出。夫欲盛则费广，费广则赋重，赋重则民愁，民愁则国危，国危则君丧矣。朕常以此思之，故不敢纵欲也"[2]。这表达了顺民意，得民心，是巩固统治，实现国家长治久安的关键。最后魏徵在其《谏太宗十思疏》中提出了为君者必须具备的"十思"道德观，即"诚能见可欲则思知足以自戒，将有作则思知止以安人，念高危则思谦冲而自牧，惧满溢则思江海下百川，乐盘游则思三驱以为度。忧懈怠则思慎始而敬终，虑壅蔽则思虚心以纳下，想谗邪则思正身以黜恶，恩所加则思无因喜以谬赏，罚所及则思无因怒而滥刑。"这正好与前面所提到的君舟民水论相呼应，民众是水，也是一面镜子，它能反映一切，所以君的一举一动、一言一行都在民众的视线之内、意识之中。这就要求统治者要经常深入基层，听取人民大众的需求与呼声，并把十思作为人生警戒，用自身好的言行来引出国家强盛、社会安宁和好的风习。否则"以欲从人者昌，以人乐己者亡"。

对于让为水的民众平静似镜的民本措施，《贞观政要》中都多次展开

---

[1] 《贞观政要·政体第二》。
[2] 《资治通鉴·卷一九二》武德九年十一月，http://www.pinghesy.com/data/2008/1126/article_4123.htm。

过论述：为了了解民生、民情，贞观初年，唐太宗"自是诏京官五品以上，更宿中书内省，每召见，皆赐坐与语，询访外事，务知百姓利害，政教得失焉"，提出"为人父母，抚爱百姓，当忧其所忧，乐其所乐"①。为了不耽误农民的耕作时间，唐太宗提出："国以民为本，人以衣食为本，凡营衣食，以不失时为本。夫不失时者，在人民简静乃可至而。若兵戈屡动，土木不息，而欲不夺农时，其可得乎？"②因此，唐太宗将原本二月（吉月）举行的太子加冠之礼推迟到了十月，并说："阴阳拘忌，朕所不行。若动静必依阴阳，不顾德义欲求福佑，其可得乎？若所行皆遵正道，自然常与吉会，且吉凶在人，岂假阴阳拘忌？农时甚要，不可暂失。"③为了缓解贞观二年观众的旱灾和人民的饥苦，太宗让御史拿出国库的钱财，来救助当地的百姓，并自责道："水旱不调皆为人君失德，朕德之不修，天当责朕，百姓何罪，而多遭困穷！闻有鬻男女者，朕甚愍焉。"④为了提高贞观时期农民的收入和生活水平，太宗提出："'国以民为本，人以食为命。若禾黍不登，则兆庶非国家所有。既属丰稔若斯，朕为亿兆人父母，唯欲躬务俭约，必不辄为奢侈。朕常欲赐天下之人，皆使富贵，今省徭赋，不夺其时，使比屋之人恣其耕稼，此则富矣。敦行礼让，使乡闾之间，少敬长，妻敬夫，此则贵矣。'"⑤

总而言之，贞观君臣在继承了原始民本主义重民、保民、养民、畏民的同时，做到了君尊天事地，敬社稷，保四国，慈爱万民，薄赋敛，轻租税，使民以时，并把人民的位置从前提论提高到了本体论，把民本思想作为制定方针政策的指导基础，最终实现"积德、累仁、丰功、厚利"的目的。

---

① 《贞观政要·政体第二》。
② 《贞观政要·务农第三十》。
③ 《贞观政要·务农第三十》。
④ 《贞观政要·政体第二》。
⑤ 《贞观政要·务农第三十》。

关于君权从何而来的问题，封建社会的说法多为君权神授。这是对封建君主专制制度的神话理论。认为君主的权力是天赋的，具有不可动摇的合理性，君主代表神灵行使权力，管理人民。关于君权神授的最早记载在奴隶制度的夏代，"有夏服（受）天命"[①]殷商时期，就出现了"帝"的称号，并将其作为上天和人间的主宰，西周开始将君主称作"天子"，直至汉代董仲舒提出"君权神授"，认为君主是天的儿子，应该得到人民的绝对服从。"天人相与"认为天和人间是相同的，天是万物的最高主宰，人应该无条件地按照天的意志来行动。这种关于君权的合理和神圣性使得君主在民众造反时，得以利用这种天命观神化自己。然而历史上由于失民心而失天下的现实表明，神权不是君权的保证。秦末乱世，楚国贵族项羽在反秦战争中取得初步成功之后，由于滥杀诸侯，甚至杀害义军统帅楚怀王；对众谋士的建议置若罔闻，恃才自傲，刚愎自用；屠杀投降的数十万秦兵，并且对民众残暴苛刻。而刘邦由于生于平民，待人宽厚，善于笼络人才，并且十分尊重和珍惜他们给予的建议，领导下的谋士乐于效忠于他；对投降的士兵中愿意弃暗投明的予以收编，不愿意再做士兵的放他们回乡，宽容和睦的政策气氛使得他十分受人爱戴。尽管在两方战争中刘邦经常失败，但由于群众和幕僚的支持，最后终于打败因暴戾不仁而众叛亲离的项羽，从而创立了统治中国400多年的汉朝。究其原因，正如孟子所说"得乎丘民而为天子"[②]，只有得到人民的帮助，才能够成为君主。"得天下之众者王，得其半者霸"[③]，想要成为一方霸主，创造强盛的国家，就必须得到丰富的民心。得民心的关键就在于善，一是以善教人，二是以善服人。"仁言不如仁声之入人深也，善政

---

① 《尚书·召诰》。
② 《孟子·尽心下》。
③ 《管子·霸言》。

不如善教之得民也。善政，民畏之；善教，民爱之。善政得民财，善教得民心。"孟子认为，好的政策可以增加人民的财富，使人民富裕起来；而只有好的教育，才能够争得人民的信赖和归顺。

君主和人民和谐相处是一种理想状态，然而封建君主专制制度本身就造成君民关系有着难以逾越的利益冲突。孟子认为，"民为贵，社稷次之，君为轻。是故得乎丘民而为天子，得乎天子为诸侯，得乎诸侯为大夫。诸侯危社稷，则变置。牺牲既成，粢盛既洁，祭祀以时，然而旱干水溢，则变置社稷"。民众是最重要的，社稷其次，而君主是最轻的，因此要做天子，就要得到人民的拥戴；要做诸侯，需要得到天子的赏识；要做大夫，则要得到诸侯的认同。如果诸侯的行为危害了社稷，那就需要另立贤明的君主，如果粢盛洗得很干净，又能按时祭祀，但仍有旱涝灾害，那就说明要重建新的社稷了。诸侯和社稷都是可以更换的，唯有人民不是，也就是民心向背可以影响天子的更替，而影响民心归属的关键在于一个利字。历史上有的君主过分侵害民众的权利，结果被民众赶下台的例子比比皆是。秦二世胡亥生性暴戾，在赵高的唆使下，不仅弑杀兄弟良臣，苛政妄为，征发民众修建阿房宫和骊山墓地，逼迫民众无偿劳役，加重赋税，终于激起陈胜、吴广起义。贾谊在《过秦论》中也说："始皇既没，胡亥极愚，郦山未毕，复作阿房，以遂前策。云'凡所为贵有天下者，肆意极欲，大臣至欲罢先君所为'。诛斯、去疾，任用赵高。痛哉言乎！人头畜鸣。不威不伐恶，不笃不虚亡。距之不得留，残虐以促期，虽居形便之国，犹不得存。"隋末，由于隋炀帝实行苛政，沉重的徭役和兵役导致人民起义不断，最终隋朝政权不仅失去了民心，同时也失去了贵族和地主阶级的支持，从而土崩瓦解。另外还有一些开明的君主施行仁政，予民众利益和便捷，使得盛世繁荣。历史上最得民心的皇帝北宋宋仁宗去世时，"京师罢市巷哭，数日不绝，虽乞丐与小儿，皆焚纸钱哭于大内之前",这都是因为他的"仁政"。在范仲淹和文彦博等官员的帮助下,宋仁宗循序渐进地实行改革,使得"任宰辅,用台谏,畏天爱民,守祖宗法度。……视周之成、康,汉之文、景,无所不及,有过之者,此所以为有宋之盛欤?"春秋时期,邾文公卜问迁都,史曰"利于民而不利君",他回答道:"苟利于民,孤之利也。天生民而树之君,以利之也。民既利矣,孤必与焉。"①邾文公认为利于人民的事情,也利于君主,人民的利益高于君主的利益。孔子认为,"遵五美,屏四恶,斯可以从政矣"②。其中的"五美"是指"惠而不费,劳而不怨,欲而不贪,泰而不骄,威而不猛"③,其中首要的"惠而不费"即"因民之所利而利之"。

重民、利民、得民心的思想是中国传统政治伦理文化的主题,尽管封建君主专制制度的背景下,得民心并非是真正为了人民的利益,而是为了巩固自己的统治,但且不论其目的为何,得民心、为民始终是执政者保障其政权稳固的关键所在。

二、为谁勤政:从政官念的道德分化

勤政为谁,为谁勤政?这是为官从政者必须回答的一个问题,是回答和解决好新时期对领导干部提出"为了谁"、"依靠谁"、"我是谁"的核心所在。由于官员并不是一个单一的角色,在每个社会角色背后都有其特定的责任义务,然而责任义务之间常常发生利益冲突,这就形成了官员在社会角色上的两难窘境。由于在道德应然上来说,官员在社会角色的定位应该是

---

① 《左传·文公十三年》。
② 《论语·尧曰》。
③ 《论语·尧曰》。

"公仆"的形象，也就是说为人民服务是他们的道德义务，然而正如常言所道"忠孝难以两全"，也就是个人私利和人民利益的冲突，讲求个人利益而勤政是为己，追求人民利益而勤政则是利他。到底勤政为谁，从道德上来说，归根结底是利己和利他的冲突问题。

（一）从政的官念分化

评价某种行为是否道德的主要标准是善和恶。他们作为一种道德评价和价值判断，总是同人们的利益相联系的。根据自己和社会的利益、意向、愿望和要求，来观察和判断他人和群体的活动，并把那些有利于自己或有利于社会的行为称之为善，反之则称为恶。从善的定义来看，利己同利他都是善的，因为他们有利于社会、他人和自己。显然，利于社会、他人和自己的行为符合道德目的和道德最终标准。然而，两者的道德水平高低程度不同。个人作为道德的主体，是组成社会的一部分，在个人的单独活动中并不需要道德，但在个人组成群体和社会之后，道德便相对于社会存在，因为人与人之间的交往组成社会，也就是因为社会的需要，道德才得以产生。这就出现了问题，个人利益和社会利益不一定相一致，有的行为可能有利于社会却有害于自我，或是有害于社会而有利于自我。但作为社会的单位，每个个人利益都属于社会的范畴，因此必与社会的利益相一致。另外，利己本身是没有道德价值的，但由于人是社会人，必定因为利己的行为间接影响他人和社会，具有利于社会和他人的效用。这就意味着，对自我的利或害是最低层次的道德价值。其次，由于对他人的利益可能直接影响社会的合作，相对自我而言，对他人的利益的道德价值更直接，因此，对他人利益的道德价值又比自我利益的道德价值更大。不难看出，社会利益凌驾于个人利益之上，无论是对于自我，还是他人，社会利益总是最大的利益。那么，利于社会的善是最高且最大的善，其次是利于他人的善，最低最小的是利己的善。将利他、利己、害己、害他分别作为不同的目的和手段，能形成包括完全利己、为己利他、害己以利他、损人利己、为他利己、完全利他、自我牺牲、害他以利他、利己以害己、利他以害己、完全害己、害己以害他、完全害他这16种人性或伦理行为。①在这些伦理行为中，目的和手段都是纯粹利他和利己的行为，包括完全利他、完全利己、为己利他、为他利己，这四种行为都是符合道德目的和道德的终极标准的，增加了社会和个人的利益总量，因此都是善的。由于官员道德角色使然，对完全利己、完全利他、为己利他、为他利己四种人性对为谁勤政的分析十分必要。

（二）勤政的两个极端

完全利他、完全利己是勤政为谁的两个极端。利他主义在古代中国主要存在于新老儒家的"仁学"，在西方主要是新老基督教的伦理观。孔子、墨子、耶稣、康德都是这一思想的代表。从人性论来说，每个人的行为目的都能够达到无私利他的境界。儒家伦理观的核心范畴"仁"的定义便是无私利他。基督教的核心范畴"爱"更是无私利他："爱的本质，是……不求自己的益处，反求别人的益处。"康德说："责任就是由于尊重规律而产生的行为必要性"，"尊重是使利己之心无地自容的价值觉察"。从道德本性来看，基督教和康德都以为道德目的、道德终极标准完全是自律的，全在于完善每个人的品德，实现人之所以异于禽兽、人之所以为人者。墨家以为道德

---

① 王海明：《论道德总原则》，《吉首大学学报》（社会科学版）2008年第5期。

目的、道德终极标准完全是他律的，全在于保障社会存在发展。儒家则既承认道德目的在于保障社会存在发展，又认为这并非道德的主要目的。利他主义便是这样一种伦理观，在它看来，一方面，每个人的行为目的既可能自爱利己，也可能无私利他；另一方面，道德目的或者在于保障社会存在发展（墨家），或者在于完善自我品德（康德和基督教），或者二者兼而有之（儒家）。利他主义是把无私利他奉为评价行为善恶的唯一准则的伦理观。官员的完全利他是指官员在执政过程中全心全意为人民服务，以人民利益为目标，完全不顾私利。这是勤政为民的最佳理想状态，也是意志坚定、品行高尚的官员的不二选择。

完全利己也被认为是极端的个人主义，其代表人物包括中国古代哲学家杨朱、庄子以及西方哲学家尼采等。从人性论的角度来看，个人主义认为每个人的行为目的只能是为了自我；从道德本性上来看，他们认为道德目的以及道德的终极目标完全是他律的，并且全部在于增进自我利益；从善恶原则上来看，个人主义认为凡是以依靠社会以及他人的手段，无论是害他还是利他却有害于自我的，就是不符合道德目的的，也就是恶的。唯有依靠自我为手段，既不给予也不索取，既不利他也不害他的单纯利己，才是真正有利于自我提高的，才是善的。然而执政者在行政过程中出现完全利己的行为几乎是不可能的，因为这种极端的个人主义要求的是不依靠社会和他人的手段的单纯利己，执政过程中出现的损公肥私、贪污等现象本身就是害他的，因此，在勤政过程中不存在绝对的个人主义。

在执政过程中的利己的应有之意是合理利己主义，这是因为绝对的利己在理论上是站不住脚的。首先，从人性论来看，合理利己主义认为每个人的行为和目的只能是利己的，但是这又不可能单纯依靠自己的力量单独实现，因此只能依靠社会或通过利他的手段才能实现。其次，从道德本性来说，合理利己主义认为道德的目的和道德终极标准是他律的,并且都在于保障社会的存在和发展。第三,从善恶原则来看,合理利己主义认为,利己的目的就自身来说,无利并且无害于社会和他人,因此无关道德目的,所以非善非恶,无所谓道德或不道德。

这种以合理利己主义为驱使的执政者就是高唱"我不廉政,但勤政"之流。以利己为出发点的勤政是伪勤政,他们在现实的工作生活中,以勤政自居,但说一套做一套,对上级趋炎附势,对下级敷衍了事,表面上为了政绩工程,实际上却是在谋取私利,舞弄权术。尽管这种情况尚未普遍,但其对于党和政府形象的损坏已不可用金钱来衡量。这种贪污腐败、中饱私囊的现象应该得到及时的遏制,毕竟人民的信任和支持才是国家的利益所在,对这种现象应该大力倡导廉政,并且要加强监督实效。这是因为失去了廉政的基本前提,勤政就无从谈起,勤而不廉的官员是为利而来,即使"勤"于创造所谓的政绩,也仅仅是被私利所吸引,更不要谈全心全意为人民服务了,这种"勤"是一种浮于表面的,是经不起时间考验的,为了获取更高的地位和更大的权力,以身试法,是官员中的害群之马,失去了廉政的支撑,更谈不上勤政了。

(三)勤政的道德底线

为己利他、为他利己这两种道德形态属于勤政己他两利的范畴,支持己他两利主义论者的代表有卢梭、边沁、西季威克、马克思等。首先,同样从人性论的角度来看,己他两利主义同利他主义一致,认为每个人既自爱利己,也无私利他;其次,从道德本性来看,己他两利主义也认为道德的目的是他律的,但他的道德目的他律论是全面的,认为道德目的完全在于保障社会存在和增进个人利益；第三，从善恶原则来说，利己与利他因为他们都是符合道德目的的，所以都是善的，害己和害他因为是违背道德目的的，所以都是恶的。这种道德伦理观，既反对否定自爱利己的利他主义，又反对否定无私利他的利己主义，把无私利他以及利己不害他作为评价行为善恶的多元道德总原则。

所谓为己利他是以利己为目的、利他为手段的伦理行为。行政背景下的为己利他指的是官员为了自己的利益做出勤政的表现。由于勤政的行为总归是利他的，因此为己利他是有意义的，它的道德价值介于无私利他和单纯利己之间，代表的是道德行为的基本境界，是最基本的善。相对于无私利他来说，为己利他能创造更多的利益，这是因为单纯的利他是一种单赢——他增加了他人的利益总量，但实际上并没有增加自我利益的总量，甚至可能以牺牲自己的金钱、精力或时间的形式削弱自我利益的总量。而为己利他是一种双赢——在增加他人利益总量的同时，也增加了自我利益的总量。尽管经济人假设的利己主义不适用于为人民服务的公仆精神，但不可否认的是，就算是无私利他的道德人也无法避免个人利益的影响。勤政也会产生一定的成本，其中主要是机会成本。所谓机会成本，指的是为了得到某种东西而需要放弃的另一些东西的最大价值，勤政官员产生的机会成本主要表现在，他们放弃了可以用来休息的闲暇时间，以及本可以利用这些实践和金钱赚取更多利益的机会，把这些时间和金钱投入到政务活动中来。对于某些勤政的官员来说，可能他们得到的物质报偿低于他们的付出，但在行政过程中，勤政的人能够得到晋升、获得认可、提升自我价值、增进人民利益、提高社会存在感等精神上的报偿。为己利他的勤政所得到的个人利益大多是上述几点，这种有目的性的勤政与全心全意为人民服务和甘当公仆的道德追求有着较大的差异，还需要不断地进行官员道德的修炼，但由于其目的仍然是利他的，造成的结果仍然是善的。因此，这种道德状态应该作为勤政的底线。

为他利己是以利他为目的、利己为手段的伦理行为。指的是官员以勤政为目的，获得精神的满足和嘉奖。在勤政的行为中，官员的执政理念得到优化，行政能力得到提高，创造了或多或少的政绩，显示了自己的能力，体现了官员被需要的精神追求，获得了自我满足的感受，并且可能为此得到晋升和嘉奖，也就是说，在官员以勤政为目的从事行政活动时，本身就存在获得这些利益的可能，尽管其目的是利他的，但在这过程中，也对自身有利。马斯洛的需求层次理论认为，人有五个层次的需要，即生理的需要、安全的需要、社交的需要、尊重的需要以及自我实现的需要。这一顺序是由低至高的排列，并只有人们满足了较低层次的需要之后，下个层次较高的需要就变为主导需要。官员以勤政为目的和出发点，在行政的过程中亦满足了社交的需要、尊重的需要以及自我实现的需要，因此这种利益所得不仅利他，也是利己的。这样的己他两利的格局是比较常见的，其道德意义也高于为己利他。

总而言之，由于勤政的涵义和意义所在，完全利己的勤政是不存在的，合理利己主义的勤政是伪勤政，是腐败的根源；己他两利是勤政的道德底线所在，需要道德修炼的升华；而完全利他的勤政观是理想状态，也是勤政为民的思想源泉，是执政者道德的奋斗目标。要实现勤政观从己他两利到完全利他的转换，就要求官员树立正确的政绩观。政绩观反映的是官员从政的价值取向，有什么样的政绩观就有什么样的行政行为，要树立正确的政绩观首先就要确立正确的世界观。党和人民给予的权力只能用来为人民谋利益，而不能用来虚报成绩、谋获私利。要把工作的着力点放在解决人民困难的问题上，用全心全意为人民服务的宗旨行事，不能只唯上，不对下。其次，要树立以人为本的服务理念。理清官员和人民的关系问题，深刻了解权力的来源问题，坚持以人为本，以民为先，要把满足人民的全面要求和促进人民生活水平提高作为根本的出发点和落脚点,坚持执政为民的价值取向,把实现最广大人民的根本利益作为最高目标,推进决策的科学化和民主化,使得各项方针政策能够体现人民的根本利益。真正做到"为人民群众诚心诚意办实事,尽心竭力解难事,坚持不懈做好事"。第三,做到公平效率和民主的统一。"效率优先、兼顾公平"的原则并不完全适合行政官员的行事作风,尽管对效率的追求是政府管理的核心部分,而高效也是对行政效率的共同要求,但是由于政府的公共性,公共行政应该以民主和公平为基础,听取民众的意见,接受民众的监督,从而加强政府的透明度,使得公众的意志及利益能够体现在具体的政策中。评价一个人政绩的好坏,并不是看他投入了多少资源或是获得了什么样的工作成效,而是要看他所指定的政策或者所做的工作在多大程度满足了社会和人民的需要。政绩不是某一个人的成果,而是一个团队通力合作的结晶,从调研到计划到实施和评估,反映的不是个人的意志,需要严防将政绩作为个人争权夺利的工具。这就必须树立良好的工作作风,加强公务员的道德培育,加强依法行政,建立科学的考核评估体系,完善政务公开制度。让公务员完成从自律到他律的转化,才是真正做到勤政为民的必经之路。

三、勤政为民:居官为政的不二选择

在中国古代封建社会,"民为贵"、"民为本"的主张是作为判断"仁政"的标准之一,在当时缓解了人民与统治阶级矛盾,对促进社会发展起了重要作用。伴随着现代民主政治的建立,"为人民服务"和"公仆精神"取代了"爱民如子"、"为民做主"等人格不平等的道德主张。勤政的目的归根结底是官员的道德问题,为人民服务是社会主义道德的集中体现,也是我国政治道德价值选择的基础和灵魂,因此勤政为民是官员为政的唯一选择,主要体现在为人民服务的宗旨理念和公仆精神两方面。

(一) 为人民服务的宗旨理念

胡锦涛总书记在庆祝中国共产党成立90周年大会上的重要讲话中指出:"来自人民、植根人民、服务人民是我们党永远立于不败之地的根本,必须牢固树立马克思主义群众观点、自觉贯彻党的群众路线,始终保持同人民群众的血肉联系。"全心全意为人民服务是我党的宗旨,也是对勤政为谁和为谁勤政的唯一解答,只有解决了勤政为谁和为谁勤政的问题,坚定不移地将全心全意为人民服务的思想作为宗旨,并且依照它进行行政活动,才能塑造廉洁、科学、高效、创新的执政者,净化行政环境,建设为人民所拥戴的政府。勤政为民是行政伦理的基本要求,也是公共行政的特殊规律,是当代官德建设的根本出发点和立足点,也是社会主义政治道德和行政道德的核心。马克思、恩格斯在《共产党宣言》中表明:"过去的一切运动都是少数人的或者为少数人谋利益的运动。无产阶级的运动是绝大多数人的、为绝大多数人谋利益的独立的运动。"[1]列宁也曾指出:"不是为饱食终日的贵妇人服务,不是为百无聊赖、胖的发愁的'几万上等人'服务,而是为千千万万劳动人民,为这些国家的精华、国家的力量、国家的未来服务。"[2]首次具体提出"为人民服务"的是毛泽东,1944年他在悼念张思德同志的讲话中说:"我们的共产党……完全是为着解放人民的,是彻底地为人民的利益工作的","因为我们是为人民服务的,所以,我们如果有缺点,就不怕别人批

---

[1] 《马克思恩格斯选集》第一卷,人民出版社1995年版,第283页。
[2] 《列宁选集》第一卷,人民出版社1995年版,第666页。

评指出。不管是什么人,谁像我们提出都行。只要你说得对,我们就改正。你说的办法对人民有好处,我们就照你的办。"①邓小平也曾指出:"中国共产党员的含意或任务,如果用概括的语言来说,只有两句话,全心全意为人民服务,一切以人民利益作为每一个党员的最高准绳。"江泽民曾强调,要建设有中国特色的社会主义,其出发点和立足点就是"全心全意为人民谋利益"。胡锦涛在十七大的讲话中也说,一定要"牢牢秉持全心全意为人民服务的宗旨,坚持立党为公、执政为民,着力解决人民最关心、最直接、最现实的利益问题,真心实意为人民办实事、办好事,努力促进社会公平正义"。为人民服务是我国的政德核心所在,这是因为:首先,我国的社会主义性质决定了社会主义人民政府的政权性质,人民政府是属于人民的,是为人民服务的政府,因此为人民服务是政府和官员的根本宗旨所在。其次,国家的一切权力都属于人民,不论是何种性质的国家公务员,都是通过人民的委托,代表人民行使国家权力,管理公共事务的,人民才是国家权力的来源。第三,人民是国家的主人,而官员是人民的公仆。封建社会所说的"为民做主"、"父母官"的说法显示政府官员和人民的关系是主仆关系,然而在社会主义的人民政府,诚如毛泽东所说,政府官员是人民的勤务员,是为人民服务的公仆。第四,腐败现象的出现,正是由于行政人员忘记了自己的身份和为人民服务的宗旨。

为人民服务的理念,在行政活动中的表现就是勤政为民。"勤政"就是要求执政者勤于政务,树立饱满的工作热情和负责任敢担当的态度,努力提高行政管理水平,学习新技术,廉洁奉公,实事求是,创新高效;"为民"就是要求深入群众,一切从人民的利益出发,以人民的利益作为衡量自身工

---

① 《毛泽东选集》第三卷,人民出版社1991年版,第1004页。

作是否有效的标准。为民是勤政的价值取向和目标，为人民服务是实现为民的手段，也是勤政的最高体现，人民利益大于个人利益。只有秉持为人民服务的理念，摆正自身和人民的关系，树立公仆意识，才能实现真正意义的勤政为民。

（二）无私奉献的公仆精神

将为人民服务的意识践行到每个公务人员的行为活动中就表现为一种公仆精神。胡锦涛总书记强调领导干部"要进一步增强公仆意识，始终牢记全心全意为人民服务的宗旨"，温家宝总理也说："政府工作人员除了当好人民的公仆以外，没有任何权力。"公仆精神揭示的是国家公务员是替群众办事的勤务员，强调的是人民群众在国家的政治和社会活动中的主人地位。公职人员不仅要有公仆精神，还要求这种公仆精神是心甘情愿、发自内心的，这种精神在于个人的自律，要求有足够的道德良心和道德自觉性。不同于封建社会的"奴性文化"，公民的民主意识在我国经历了翻天覆地的变化，人民变成了主人，而官员则成了仆。

人民和官员的主仆关系是区分私有制国家和公有制国家的重要标准，由于社会主义国家的特性，他代表的是绝大多数人的利益，体现的是多数人统治的人民民主政府，人民是给予官员权力的主人。因此，作为为人民服务的公仆，珍惜和合理利用权力为人民的利益工作是根本的任务，而并非在政治生活上拥有优越的权利。然而在现实活动中，官员的价值观取向影响着其处理国家利益、集体利益和个人利益三者关系的取向。趋利避害是人们对利益的追求所体现的人性的弱点，中国自古就有"有钱能使鬼推磨"、"人为财死，鸟为食亡"的拜金哲学，而司马迁也早就提出"天下熙熙皆为利来，天下攘攘皆为利往"。对个人物质利益的追求虽不可谓之不义，但如果否定公仆精神，信奉一切向钱看的拜金主义信条，就会产生极端个人主义，罔顾国家利益，走向腐败的深渊。要树立科学的价值观，不能把个人价值置于国家利益和集体利益之上，更加不能以牺牲国家利益和集体利益来实现个人利益。在价值关系的处理和协调过程中，必须以国家利益和集体利益优先，从而实现个人价值。政府官员在行使人民给予的权力时，需要以公仆精神洗涤净化不当的价值观，以当好人民的公仆为目标，真正做到"勤政为民"。要增强和秉持"公仆精神"，还要树立正确的权力观，公务员腐败现象和懒政、庸政等情况的出现，归根结底是因为缺乏正确的权力观。要培养"慎独"的精神，勤于"自律自省"，通过学习加强自身道德修养，增强面对诱惑的抵抗力。

从历史来看，全心全意为人民服务，甘当公仆的焦裕禄和孔繁森是所有干部的楷模，他们集中展示了勤勉为公的崇高境界，体现了艰苦奋斗的优良作风。他心系群众、服务人民的公仆情怀，想群众之所想，急群众之所急，办群众之所需，真正做到权为民所用、情为民所系、利为民所谋。他们甘当公仆的高尚情怀为各级干部树立了楷模，他们勤政为民的种种事迹依然影响着当代官员，他们在人民群众心中则是两座不朽的丰碑。

今天，中年以上的人们，恐怕没有不知道焦裕禄的。40多年前，1966年2月，全国各家主要报刊，先后发表了通讯——《县委书记的榜样——焦裕禄》。于是，这位优秀公仆可歌可泣的事迹，很快传遍了祖国的大江南北、长城内外，震撼了广大干部和群众的心灵。焦裕禄，山东淄博人。1962年冬，他奉命出任全国有名的贫困县河南省兰考县的县委书记。当年，这个穷县又恰逢内涝、风沙、盐碱三害肆虐，粮食产量下降到历史最低水平。焦裕禄来到兰考，呈现在他面前的是一片令人揪心的灾荒景象：横贯全县的两条黄河故道，是一眼看不到边的黄沙；片片内涝的洼窝里，结着青色的冰凌；白茫茫的盐碱地上，稀稀落落的枯草在寒风中抖动。全县36万人，已经饱受了多年灾祸煎熬的人民，今冬如何过得去？往后还有生路吗？有谁能扭转乾坤？有！焦裕禄受命于危难之际，毅然决然地挑起了扭转兰考乾坤的重担。他一到任，就带领县委"一班人"，深入基层，深入村庄农户，同群众一起奋战在抗灾第一线；他激发起人们的革命"硬骨头"精神，充分调动起广大群众的力量和智慧，战天斗地，苦干巧干；他制订了规划，树起了众多的榜样。他是一位很有作为的县委书记。因此，在短短一年多的时间内，兰考的面貌就发生了奇迹般的变化。36万兰考人民绝处逢生，喜出望外，从此走上了充满希望的奋进之路；然而，他们的焦书记，终因宵衣旰食，积劳成疾，不幸于1965年5月14日病逝，年仅42岁。他，没有实现他亲手绘制的建设蓝图，带着壮志未酬的遗憾离去；但是，他给兰考人，给全国人民，塑造了人民公仆的光辉形象，留下了世代流传的焦裕禄精神。在他去世，他与人民一起种下的泡桐树迅即以绿荫覆盖兰考大地，三害逐渐得到控制，焦裕禄的遗愿实现了。

30年后，又一个响亮的名字传遍祖国大地——孔繁森，人们无比崇敬地称颂他是"90年代的焦裕禄"。是啊，焦裕禄——孔繁森，60年代的焦裕禄，90年代的孔繁森，其实同是指代"人民的好公仆"；人们广泛赞颂的焦裕禄精神、孔繁森精神，说的都是领导干部全心全意为人民服务的精神，甘当公仆、当好公仆的精神。当然，时代不一样，孔繁森不可能刻意模仿30前焦裕禄的言行举止。且不说，在他成长的年代里，焦裕禄精神甚至还受到冷遇呢。但是，他同焦裕禄一样，有一颗甘当公仆的赤诚之心，有献身于党的事业的坚定信念，因而他们的生活轨迹，是那样惊人的相似！

孔繁森，山东聊城人。他先后两次离别老母、爱妻、年幼的子女，只身赴藏，历时十载；他怀着对藏族同胞的无限深情，在极其艰苦的条件下创造性地工作，为西藏的建设和发展作出了突出贡献。他第二次进藏是在1988年，已届中年。由聊城地区行署副专员一职调任拉萨副市长。5年之后，1993年4月4日，他本该东进返乡之时，却又接受了一项更为艰巨的任务：驱车西行，奔赴海拔4000米以上、在西藏属最艰苦地区的阿里，挑起地委书记的重担。到任后，他带领阿里地委、行署"一班人"，积极探索摆脱困境振兴阿里的经济之路，制定了一系列加快当地经济发展的配套政策和措施，很快建起了电厂、水泥厂、羊毛分硫厂，扎扎实实地改变着当地的贫穷落后面貌。正当他准备为阿里人民大展宏图之时，1994年11月29日，在去新疆塔城考察边贸途中，却因车祸不幸殉职，时年50岁。噩耗传来，西藏高原雪山含悲，江河呜咽。在料理后事时，人们悲痛欲绝地看到两件遗物，最能反映出他的公仆本色——一是仅有的8.6元钱，一是他去世前四天写下的关于发展阿里经济的12条建议。难怪许多人站在孔繁森的遗像前泣不成声，难怪数不尽的哈达敬在他的灵前，难怪人们有口皆碑："孔繁森，90年代的焦裕禄！"是的，孔繁森对此赞誉当之无愧。是他，激荡起90年代的干部群众对焦裕禄的崇敬之情；是他，激起了亿万人民对焦裕禄、孔繁森两人共同的公仆情怀的真切呼唤。人们惊奇地发现，当年焦裕禄说到做到的公仆箴言，无不在孔繁森的事迹中得到折射。原因何在？正是他们共同的公仆情怀。

焦裕禄、孔繁森等英模确立的价值观，最突出地表现为全心全意为人民服务。焦裕禄精神、孔繁森精神，一句话就是全心全意为人民服务的精神。为人民服务是共产党人的宗旨，也是最根本的人生价值定位。"生为人民而生，死为人民而死"——这是每一个真正的共产党人所应当具有的价值理想。正是全心全意为人民服务的根本价值取向，决定了英模们的人生实践准则。焦裕禄在一个寒冷的夜晚，走进一对无儿无女的老人的家，他握着老人的手说："我是您的儿子，毛主席叫我来看望您老人家。"焦裕禄这种"爱民胜父"的精神，充分显示了他全心全意为人民服务的公仆情怀。孔繁森始终把全心全意为人民服务作为最高的人生价值定位，他为赡养两名藏族孤儿而多次献血，并才能在短短一年零七个月的时间里跑遍了阿里的山山水水，行程8万多公里，为西藏的发展献出了宝贵的生命。

社会主义的价值观，在对待他人和社会上是无私奉献，在对待个人的生活上则表现为艰苦奋斗、清正廉洁。焦裕禄对个人及家庭的生活要求十分严格。他的儿子有一次看戏没买票，他硬是让儿子补交了票费；女儿已上初中三年级，穿的仍然是9岁上小学时做的一件大衣，又破又不合身，但他却诙谐地和女儿比谁的衣服补丁多。他一再要求县委一班人务必发扬艰苦奋斗的作风，并制订了为政清廉的《公仆条例》。孔繁森一身正气，两袖清气，始终保持着艰苦奋斗的精神。这里需要特别指出的是焦裕禄、孔繁森等英模的权力价值观。他们作为党的领导干部，做官不为己，不谋私，正确处理权力责任、权利与义务的关系，以人民给予的权力来为人民谋幸福，充分体现了为民掌权、用权的权力价值观。这是共产党人的权力观，一种权力上的社会主义价值取向。作为领导干部，其正确的价值定位，最重要的就是权力观上的定位，只有牢记手中的权力是为人民服务的工具而不是谋私的手段，才能真正做一个人民的好公仆。

第三章

政绩:勤政的伦理审视

如前所述,勤政是需要一定条件的,德与才是勤政的前提和基础。在官员的选拔与评价标准问题上,之所以会陷入德才孰主孰辅的困惑,原因在于人们把德才相分离,甚至把二者看成对立物。在泛道德主义的理念中,德唯重、唯主、唯大,这自然会导致官德评价系统中的唯德或重德轻才倾向,在重德中又导致唯动机论倾向。"没有功劳有苦劳,苦劳也是资本"、"为官无过便是功"曾一度成为官员评价的价值尺度。官员们争相做的不是如何为国为民办实事,而是比思想境界高低、比态度好坏、比谁更听话,从而导致产生了一批不干实事、不图业绩、专注于假、大、空的"滑官"、"昏官"、"庸官"和"懒官",即损害了党和国家以及人民群众的利益,亦挫伤了人民群众的情感,从而失去人民群众的信任和支持。市场经济公平竞争观念和效益观念的出现,不但打破了计划经济条件下为生产而生产的保守、封闭的经济生活格局,而且给政治生活也带来了勃勃生机。人们对那种专营投机、不干实事、热衷于表面文章的官员深恶痛绝,没有功劳的苦劳更一文不值。于是,"为官有为才有位"、"为官无功便是过"、"官无政绩就是缺德"等更成为一种新的道德观念。一大批思想过硬、脚踏实地、讲政绩、讲贡献的领导干部脱颖而出。政绩成为衡量官德水平的重要参数,亦成为评价官员勤政与否的核心构件。

一、勤政与政绩：官无政绩应为耻

判断或评价一名官员勤政与否，并非是说其朝九晚五，事无巨细，事必躬亲，忙得晕头转向的就是勤政；或者天天车马劳顿，外出参观考察马不停蹄，忙得不亦乐乎的就是勤政；或者沉溺于文山会海，奔波于觥筹交错的接待应酬之中就是勤政；也非是决策时摸摸脑袋、拍拍胸脯，天天喊改革、日日搞创新，热衷于某某项目、工程，花团锦簇、华而不实的就是勤政。说到底，勤政是要实实在在的政绩来说话的。而讲政绩，从根本上讲，就应做到敬业、勤业、精业、守业。

（一）政绩的构成要件

敬业是从政的一种态度或精神，是指官员在从事本职工作时所具有的专心一意、严肃认真、谨慎尽职的态度、精神和行为方式的总和。《周礼》郑注："敬，不解于位也。""解"通"懈"，即懈怠、懒惰之意。宋代哲学家、教育家朱熹说："敬业者，专心致志以事其业也。"现代哲学家冯友兰也说："有真至精神是诚，常提起精神是敬。"敬业精神作为人的素质的显现，首先是中国传统伦理道德的理性积淀。先秦儒学强调成德立业，要求人生当德行高洁，事业有成。《周易》讲"君子进德修业"；孔子称赞子产为"惠人"，认为"其行己也恭，其事上也敬，其养民也惠，其使民也义"[1]；孟子强调"君子创业垂统"[2]；荀子则要求"行义以正，事业有成"[3]，等等。可见敬业是一种崇高的精神境界，敬业精神包含了一种积极入世的人生态度，内在地呼唤着主体的投入和创造，体现了一种孜孜以求、锲而不舍、乐以忘忧、反求诸己的人生气质。同时，敬业精神与当前市场经济的结合，是个人自身的道德评价和价值追求得以形成的现实基础。市场经济的目标是利，其原理是等价交换，"利"是"义"的价值取向和终极目标；市场经济条件下伦理道德的核心是"义"，"义"是"利"的手段和途径。这样，"义"与"利"在价值层面上的相通和互为因果，便使伦理道德深入到经济生活中，成为经济生活的价值取向和文化原理，从而达到市场原则、道德原则、伦理原则的一致。于是，敬业精神便在经济与伦理之间架起了一座桥梁，使经济具有了道德的价值取向，并且赋予道德以一种实践理性的经济功能，为官员实现德才统一提供了现实条件，并提出了具体要求。

勤业是指官员在敬业乐业的基础上埋头苦干、兢兢业业、任劳任怨、恪尽职守的精神境界和行为方式。勤政为民是中国传统官德之精华，《尚书》中说："功崇惟志，业广惟勤。"④建功立业，关键在勤，勤业不但是民德的要求，更是官德的要求。"民生在勤，勤则不匮。则为民者不可以不勤。业精于勤，荒于嬉。为士者不可以不勤，况为命吏，所受者朝廷爵位，所亨者下民之脂膏。一或不勤，则职业隳驰，岂不上孤朝寄，而下负民望乎"⑤。官员是否勤政，事关国事的成败、人民的安危，"官不勤则事废，民受其害"。尤其是作为代表无产阶级和广大劳苦大众利益的共产党的干部，被称为"人民的勤务员"，更应当勤业，"必须从现实情况出发，兢兢业业，勤

---

① 《论语·公冶长》。
② 《孟子·梁惠王下》。
③ 《荀子·赋》。
④ 《尚书·周官》。
⑤ 真德秀《政经》三十九。

勤恳恳，一点一滴地做好实际工作，一个一个地解决问题，一步一步地战胜困难"①。"各级领导机关和领导干部要以身作则，转变作风，扎实工作，勤政为民，认真解决群众迫切需要解决而又能够解决的问题"②。勤业，对于一个官员来说，不仅仅是按上级的安排，老老实实完成任务，更主要的是勤于思考，多想办法，多出点子。只有多思勤思，才会使决策准确无误，才能出新办法、新措施。还要勤于调查研究，广泛接触群众，增强工作的针对性，杜绝瞎指挥，克服盲目性。勤业不但是对官员从事本职工作提出的要求，而且还体现了一种道德风范。

精业是对工作力求尽善尽美的精神和实际能力。为官者光有一腔工作热情不行，还必须精通业务，具备完成工作任务的实际本领，干部的专业化要求正缘于此。领导干部，尤其是专业性干部不懂专业，不懂技术，就只能是瞎指挥，乱指示，造成"外行领导内行"的局面，于国于民都不利。东汉明帝时的王景作为水利专家，治理黄河、汴河，修筑浚仪渠，造福万民，名留青史，"其功之伟，神禹后所再见者"。现代社会的发展对官员的业务素质提出了越来越高的要求。这就迫使每个官员要不断学习，提高自身素质，更好地胜任本职工作。作为一个领导干部，首先应当具有很高的政治理论修养，掌握正确的工作方法，站得高，看得远，能分清是非，善辨别真伪；同时，应当掌握现代管理科学，灵活地、创造性地运用科学管理知识，可以使工作事半功倍，还应当具备一至两门专业知识，业务上懂行。只有这样，才能提高勤政的效率，才能真正有政绩，才能真正取信于民。

守业是要守住前人和自己创造的业绩，珍惜人民的劳动成果。守业比创业难，为官一任，造福一方，不要当人民唾骂的"败家子"。有的官员

---

① 《刘少奇选集》下卷，人民出版社1985年版，第293页。
② 江泽民：《在庆祝中国共产党成立七十周年大会上的讲话》，《求是》1991年第13期。

由于不懂科学管理，也没有专门知识，为捞政绩，乱来一通，结果导致国家的财政亏损，人民的血汗付诸东流。目前国有大中型企业的严重亏损，国有资产的流失，企业的大面积倒闭停产，固然与市场竞争有关，但不能排除有那么一些企业领导视国家财产为儿戏，对企业的倒闭不在乎、不心痛，听之任之，以市场竞争来为自己开脱。有的甚至把一个企业搞垮了，又调到另外一个企业，照样当"老总"，既不追究法律责任，也没有经济制裁，人民用血汗换来的这些财富难道就这样白白断送在这些"败家子"手中？天理何在？败家之所以不心痛，在于"家"是姓"社"不姓"私"，并且大部分国有资产的流失都进了个人口袋，谈何心痛？每倒闭一个企业，总有几个人发财。越是面临倒闭的企业，企业领导越"潇洒"，这是何等的荒唐！我们在提倡艰苦创业的同时，一定要提倡聚业、守业。一些领导干部，干出了一点成绩就飘飘然，不知天高地厚，大建楼堂馆所，买高级轿车，盖办公大楼，滥发奖金福利，以此证明他的政绩，结果好景不长，负债累累。所谓的"政绩"也就成了"劣迹"，守业是一个官员应有的品德，尤其是在发展中的当代中国。

敬业、勤业、精业、守业是一个统一过程，是政绩中缺一不可的。敬业展示的是官员的爱国爱民之心和工作上的主动状态；勤业展示的是官员的工作态度和作风；精业展示的是官员的才能；守业展示的是官员珍惜他人、敬重今人、负责来人的情怀。四者构成政绩的基本要素，也是官德的要件。大凡在为官中以政绩著称的人，莫不是讲求实效、勤勉务实、勇于开拓、精明能干之人，他们都具有"为天地立心，为生民立命"的气魄，真实地履行自己的职责，为国为民而鞠躬尽瘁地工作。正是这些实干家，托起了人民对官场的希冀；正是这些政绩，才筑起了官德的坚实基础。二百多年前清代民间有个寓言，说的是有个姓李的县官到冥府向阎王报到，自称一生为官清廉，所到之处只喝一杯清茶。阎王笑着说："设官是为了兴利除弊,如果在公堂设一个木偶,连水也不喝,岂不更胜于你?"李县官争辩:"我虽无功,但也无过也!"阎王厉声斥道:"你处处只求保全自己,对某狱某案因避嫌疑而不言,对某某事因怕麻烦而不办,岂不负国负民!你虽不是个贪官,却是一个昏官!"像李县官这样的"昏官"在古代又被称为"具臣",即"安官贪禄、不务公务、与代浮沉、左右观望"。这样的"具臣"、"昏官"在今天的干部队伍中并不少见。这样的官也许不"贪"但也毫无政绩,即所谓"饭也不吃,事也不办",整日无所用心,逍遥自在,迷醉于歌舞平升,热衷于迎来送往,"上午围着会议转,中午围着餐桌转,晚上围着裙子转","打牌,一宿二宿不睡;喝酒,两瓶三瓶不醉;跳舞,三步四步都会;工作,却是一点不会"。这样的干部是为了混日子,混资历,怕动脑子,怕出点子,怕担担子,工作能糊则糊,敷衍塞责,马虎了事,对群众疾苦视而不见,充耳不闻,虽不违法乱纪,但没做一件有益于国家和人民的事,既无身心之劳苦,又无失位之忧虑,只要不犯错误,照样一级一级往上升,占着权位而无所作为,误国误民。

（二）政绩的道德评议

政绩是官德的主要构件,但政绩的获得本身还有一个道德问题,即只有符合道德要求的政绩,才能构成官德的实际内容,这就是要动机为公、手段正当、后果利民。

所谓动机为公就是谋求政绩的出发点必须是为了国家和人民的利益,而不能作为自己往上爬的资本或跑官要官的价码。现实生活中,一些干部到任之后就大捞政绩,即"做几件事情让上面看看",并以此作为升迁的条件，其出发点并不是为人民谋利，而是为个人沽名钓誉，捞资本。如果其目的达不到，就不再有政绩，甚至破坏过去的政绩。康德特别强调，一个行为之所以被称为善的，能够有道德上的价值，唯一的根据，就是因为它是从善良意志出发的，一切不是从善良意志出发的行为，不论其效果如何，都不能认为是善的。康德特别憎恶并反对从利己主义出发把个人幸福作为判断善恶标准的伦理学说。他认为，从利己的动机出发，从个人的贪欲出发，无助于培养人们高尚的道德情操，不能形成一个人的道德行为，如果承认利己动机的合理性，只能把人们引向邪恶，亵渎了道德的尊严。康德的善良意志不是一种非理性的道德冲动，而是出自对责任的理性认识并且付诸意志努力。当然，我们无意回到动机论的老路上去，但康德确实看到了道德评价与一般社会性评价的区别。一个人白天做了一件好事，晚上写到日记本上，第二天交给党支部书记，人们肯定会说这种行为很无聊，根本就无道德意义可言，因为这个人做好事的动机是为了图表扬，是利己的。一个官员干了几件事就到处宣扬，不断地向上面请功，其动机的纯洁性是值得怀疑的。这里，问题也许并不在于判断一个行为是否道德、要不要看动机，而是怎样去判断一个人的行为动机是道德的。人们心里想什么，思想觉悟是否高是无法直接观到，只能依据平时的言谈、思想汇报、日记等。这就导致了看谁的口号喊得响，谁的豪言壮语多，谁的思想就最"红"。维特根斯坦认为，一个人心里想什么，证明不了什么，而必须看他实际在追求什么，看他在选择做什么，动机和效果不能互相证明。实际上维特根斯坦走了与康德相反的路，否认动机对行为后果的先定性也是欠妥的，但他确实指出了判断行为善恶的简便之路。那么如何来判别官员的勤政行为是否出自为公还是为私呢？恐怕只能依据其效果去判断其动机。这既符合人认识事物的一般程序，也是对人的认识能力负责。如果他是出自为公，就不会计较个人得失，甚至在遭到误解、得不到提拔的情况下，也会一如既往地为民做实事。如果是出自为私，就会明显地表现出出风头、争名誉的行为倾向，当有了政绩得不到提拔时就会心灰意懒，甚至腐化堕落。因此对官员的考察不能看一事一时，而要经常而全面。

所谓手段正当就是在谋求政绩的过程中要采用正当的、合法的手段来达到为国为民的崇高目的。由于政治生活的特殊性，在具体的政治行为中，手段和目的是基本统一的，但也常常发生分离甚至相悖，即为了达到崇高目的而采取了不正当的手段。马基雅维利甚至认为，为了目的可以不择手段，官场上历来就是"成者为王，败者为寇"，只有目的才能证明手段的合理性。在政治生活中，目的和手段经常处于一种"紧张"的状态之中。有时过于注意手段的道德完整性不容易达到所希望的政治目的，而一定程度上忽视道德的完整性有时反而容易实现政治目标。马基雅维利清楚地认识到了这一点，因而提出了君主为了维护其权力，实现其政治目的可以不必拘泥于道德的完整性。在马基雅维利看来，在普遍的利己主义条件下，维护社会的稳定和国家的统一是政治的无需证明的先验目的，因而为了实现这一目的而采取一切尽可能的手段来维护统治者的权力，也无庸置疑是正确的、正当的、高尚的。我们也承认政治行为中目的对于手段的优先性，但是，不能用目的合理性来证明其手段也是合理、正当的。因为：一是在大多数情况下我们无法证明某个政治目的具有必然的合理性和现实的可行性；二是我们无法保证在政治行为中的行为都是理性的，能够始终使目的与手段统一，使手段服务目的，二者可能出现相悖性。我们是否可以由政治目的的优先性而不顾其手段的道德与否呢？回答是否定的。第一，目的和手段是一个有机的整体，没有离开目的的纯手段，也没有离开手段的纯目的，其中之一违反了道德都有损这一行为整体的道德价值。第二，即使在目的和手段发生分离的情况下，目的最崇高，也不能为手段的不正当性进行道德辩护，相反，正因为手段的不正当，其目的的崇高性也应当打折扣。第三，从手段的不正当性可以去置疑目的的正当性，尤其是在消除了阶级利益狭隘性的条件下，用不正当手段去达到所谓的崇高目的，只能造成政治灾难。在我国当代政治生活中，官员们争相抓政绩，有的搞开发区，有的搞外资引进，有的抓名牌产品，有的抓基础设施建设，等等，确实是于国于民的好事。问题在于也出现了用腐败手段捞政绩的行为，如为了搞到贷款用行贿的手段，为了使本地产品评上名牌用不正当竞争手段，为了本地利益而不顾全局搞地方保护主义，有的甚至为了使自己在位期间有政绩而不惜损害长远利益。当今社会的短期行为盛行，不能不与官员们抓所谓政绩有关。由于目前体制的不完善，不少官员犯难：要么无所事事，当昏官，要么用不正当手段捞一点政绩，甚至出现为了捞政绩而违法乱纪的行为。在此，我们强调抓政绩手段的正当性，无疑是具有现实针对性和长远警示性的。

所谓后果利民就是指官员的政绩是为了造福国家和人民，而不是给子孙后代带来灾难，或者仅仅是官员向更高一级爬的"敲门砖"，或是为个人脸上"贴金"。德国伟大的思想家马克思·韦伯就曾经在他的名为"作为职业的政治"的著名演讲中提出政治领域中意图伦理（ethic of conviction）和责任伦理（ethic of responsibility）之划分。意图伦理是指关怀人类的最终目的的伦理，责任伦理是指关怀行为之最终结果的伦理。意图伦理主张，"一个行为的伦理价值在于行动者的心情、意向、信念的价值，它使行动者有理由拒绝对后果负责，而将责任推诿于上帝或上帝所容许的邪恶。责任伦理认为，一个行为的伦理价值只能在于行为的后果，它要求行为者义无反顾地对后果承担责任，并以后果的善补偿或抵消为达成此后果所使用手段的不善或可能产生的副作用"①。韦伯认为，政治家应当遵循的是责任伦理而不是意图伦理，因为后者以道德上的优越性为政治行为的出发点，以道德来衡量政治的每一个阶段和每一次行为，结果往往不是造成政治上的激进主义，就是导致政治上的浪漫主义幼稚病，从而导致政治目标的失败。只有从责任伦理出发，既考虑到意图的合理性，又考虑政治行为可以预见的后果并对其负责任，采取渐进主义的态度和灵活的政治策略，才能在现实政治中取得真正的成就。韦伯把动机和效果对立起来是不妥的，但他强调以行为后果来定责任的思想是合理的。当代中国官员，如果是真心实意想为人民办好事，解决人民群众的困难，就不会只做表面文章。如果那些"政绩"不能造福千秋，甚至是社会灾难，又谈何官德？20世纪90年代初内地一些官员为了揽钱，把大量资金投入南方搞房地产开发，结果资金流失，土地成了"废地"，房屋成了"废屋"。在搞开发区的热潮中，一些地方官不顾本地技术势力和资金势力，盲目上马，结果造成大批粮田荒废，水土流失严重，如此等等，都是不顾后果，不负责任的行为，不但不是官德的要求，相反是视人民利益于不顾的缺德行为；不但要受道德谴责，而且要受到法律的制裁。

（三）官无政绩应为耻

说到底，造成官员们不思进取、不谋发展、贪图安逸、营私牟利、不求无功但求无过的从政心理，造成行政低效率甚至负效率现象的最根本原因，还是他们在主观上缺乏最基本的道德耻辱感。《晏子春秋·谏下》中记载了这样一个故事：公孙接、田开疆古冶子事景公，以勇力搏虎闻。晏子过而趋，三子者

---

① 苏国勋：《理性化及其限制——韦伯思想引论》，上海人民出版社1988年版，第75页。

不起，晏子入见公曰："臣闻明君之蓄勇力之士也，上有君臣之义，下有长率之伦，内可以禁暴，外可以威敌，上利其功，下服其勇，故尊其位，重其禄。今君之蓄勇力之士也，上无君臣之义，下无长率之伦，内不以禁暴，外不可威敌，此危国之器也，不若去之。"公曰："三子者，搏之恐不得，刺之恐不中也。"晏子曰："此皆力攻勍敌之人也，无长幼之礼。"因请公使人少馈之二桃，曰："三子何不计功而食桃？"公孙接仰天而叹曰："晏子，智人也！夫使公之计吾功者，不受桃，是无勇也，士众而桃寡，何不计功而食桃矣。接一搏猏而再搏乳虎，若接之功，可以食桃而无与人同矣。"援桃而起。田开疆曰："吾仗兵而却三军者再，若开疆之功，亦可以食桃，而无与人同矣。"援桃而起。古冶子曰："吾尝从君济于河，鼋衔左骖以入砥柱之流。当是时也，冶少不能游，潜行逆流百步，顺流九里，得鼋而杀之，左操骖尾，右挈鼋头，鹤跃而出。津人皆曰：'河伯也！'若冶视之，则大鼋之首。若冶之功，亦可以食桃而无与人同矣。二子何不反桃！"抽剑而起。公孙接、田开疆曰："吾勇不子若，功不子逮，取桃不让，是贪也；然而不死，无勇也。"皆反其桃，挈领而死。古冶子曰："二子死之，冶独生之，不仁；耻人以言，而夸其声，不义；恨乎所行，不死，无勇。虽然，二子同桃而节，冶专其桃而宜。"亦反其桃，挈领而死。①

故事大意为春秋时晏子为了帮助齐景公杀掉公孙接、田开疆、古冶子三位勇士，设计以齐景公的名义将两个桃子赐给公孙接、田开疆、古冶子三人，要他们论功而食。最后，三人皆因功不及他人蒙羞而弃桃自杀的典故。当然，我并不是鼓励那些毫无政绩的官员们都去自杀。但至少可以说明一点，当代中国一些官员的道德耻辱感何其淡漠。知耻是一个人获得道德生命

---

① 《晏子春秋·内篇谏下第二》。

的前提。"有耻且格"是一个人道德成熟的标志，是社会对个人的道德期望，是个体道德品质中的核心因素。知耻是个人的道德自我意识的一种表现，是一个人对自己的行为过失进行自责的一种认知，具体表现为羞耻感。羞耻感的真正表现是内疚。内疚是主体意识的产物，它激活潜在的思维和力量，专注于过失的懊悔和追悔，促进个体的心理成熟。如果个体的内疚匮乏，那他将对道德不屑一顾，或许会知羞，但不会知耻，达不到"有耻且格"的认识。同时，羞耻感以自尊为前提，一个没有自尊的人是不会知耻的，更不会自责。自尊体现了对自我社会化的切近，没有自尊的防卫，就不能有自责的意识和自责行为的发生。在此意义上说，有无羞耻感标志着人格的高下，标志着人是否有道德自由，因为知耻是在自己内在的自我的自由。知耻一方面表现为对他人不道德行为的愤慨和厌恶，另一方面是对自己的不道德行为的惭愧和悔恨。知耻是自我改造的开始，是道德意识被唤醒的表征。马克思说过，羞耻就是一种内向的愤怒。这表明知耻已经具有深刻的道德评价意义，而且是抵制不道德行为的强有力的抗毒剂。

无耻是知耻的反面，是漠视道德和自我的极端表现。"知耻而后勇"，而无耻就是"不要颜面"。纵观当今社会，不良官场习气随处蔓延，"老子有权我怕谁"就是这种无耻的表现。"老子有权我怕谁"是权力对道德的蔑视，鲜明地向世人昭示了当权者的丑恶的人生哲学。权力与道德从来就是纠缠在一起的，道德要制约权力，而权力又试图超越道德，中国自古以来就有"自君子至庶人，皆以修身为本"的传统，权力者首先应是道德者。而在有的当权者看来，道德只是平民百姓的事，权力拥有者不存在道德问题。权力作为一种支配他人的力量，另一方面也可能导致人性的堕落和文明的毁灭。权力产生何种效应，关键在于权力由谁来掌握。有德者利用手中的权力服务于人民，造福于社会；无德者利用手中权力会攫取私利，弄权误国。因此，掌权者的德性如何，是权力是否会腐败的重要因素。

无耻作为一种恶劣的品质，之所以会导致当权者发生腐败行为，其原因主要表现在无耻的三个层次上。无耻者首先无视做人的责任。在无耻者看来，拥有了权力就拥有了对他人发号施令、满足一己之私欲的力量，就是去要求他人"应当如何"而从不反省自己"应当如何"。无耻者会完全抛弃权力本身所凝结的社会义务和责任，倚仗自己占有或控制的权力对自己应负的责任不屑一顾，对他们来说，任何道德约束都是无效的，他们甚至无情地嘲弄、作践道德，践踏社会公共利益，拿国家和人民的重托当儿戏。无耻者在无视社会责任的同时，连同自己做人的资格也抛弃了，因为人之为人是以其责任为表征的。一个有权力就目空一切的人，不会有责任感，只会成为"贪官"或"独裁者"。

无耻者会丧失人的自尊。自尊是一个人最基本的人格要求，就是维护自我尊严的一种道德情感。自尊不等于自私，更不是骄横，它建立在他尊的基础上，建立在对他人和社会履行义务的前提下。无耻的当权者也有自尊，那就是他手中的权力，他认为权力就是尊严的象征。因此，他会对上奴颜婢膝，以求获得更大的权力，然后用这种出卖自我、出卖人格换来的权力强施于平民百姓身上，甚至用强暴、残忍的方式来维护自己的心理平衡，换得一点可怜的"尊严"。其实，当他用权力去欺压百姓、鱼肉人民时，他已经连同自己的良知也被鱼肉了。近年来，网络上频频曝光的某些官员不思进取、荒芜政务、贪污腐化、私生活混乱的案例更是充分地说明了这一点，这些官员们已经丧失了基本的做人尊严，可以说到了极度无耻的地步。

2002年7月，被前湖北省委书记俞正声痛斥为"吹、卖（官）、嫖、赌、贪"五毒俱全的"五毒书记"——原湖北天门市市委书记张某因受贿、贪污被法院宣判有期徒刑18年。张某深谙官场哲学，唯上而不唯实，他把权力当商品肆无忌惮地进行权钱交易，把官场当商场，对花钱买官者几乎是来者不拒，有求必应。在其主政丹江口和天门市工作期间，买官卖官已成为了公开的秘密，提拔干部更是到了"随心所欲"的地步。对于他想提拔的人，通常是示意组织部"考察一下"，但是有的干部考察一次不合格，考察两次不合格，他还继续坚持带病提拔，组织部只起到盖章的作用。据某知情人说，曾在一次私下的场合，有人"刁难"张某说："假如你看到有人饿倒在地，而与你同行的一位上级叫你不要管此事，你还救不救此人？"应该说，从基本的人伦道德角度回答此问题并不难，但张某却略加思忖后回答说："这要看具体情况，如果我反对上级，连为老百姓做事的机会都没有了，我不会做这件事。"这充分体现了张某一心唯上的从政官念。张某除了迷恋权力，贪恋钱财，就是爱女人，用他自己的话说，叫做"放纵不良性意识"。据张交代，从1989年至2001年7月的12年间，他利用职权玩弄女性超过百人，平均每个月就有1名女性被他玩弄。在发生关系的女性当中，有党政机关干部、企事业单位职工，还有保姆等，仅"三陪女"就有数十人。但就是这样一个人，却在工作中常强调要做一名清官，还经常引用孔子的话说："其身正，不令则行；其身不正，虽令不行"、"领导干部一定要身体力行，率先垂范，以自己的人格魅力和高尚情操去教育人、影响人。"他还说："世界观的改造是一辈子的事，每一个领导干部都代表着党和政府的形象，都是一个地方或单位的标杆，都要自重、自省、自警、自励、自觉，做到不贪、不赌、不嫖，不将就陋习，牢牢守住不搞权钱交易、权色交易的底线。"试图给人留下一个廉洁、勤政的印象。直到被省纪委"双规"的前几天，他仍然还在人前拍胸保证："我有什么问题呢？我敢拿党票担保！"有关领导指出他收受礼金是违纪行为，他振振有词："当书记的谁不提拔几个干部？被提拔的干部谁不送点礼？"有人劝他生活上要持身严谨，他却满不在乎："与几个女的相好，在一起玩玩不算违法。"就是如此"这也不算什么"，那也"问心无愧"，使他在堕落之路上一步一步地走向了政治生命的绝境。①

可见，为官一旦丧失道德耻辱感，就会成为一个政治上的流氓和无赖，道德无赖者就是精神崩溃者，人生的信仰就只有权欲和享乐。当权力到了极限或权力行使受阻时，无耻者就会有一种世界末日即将来临之感，因为他的精神支柱就是权力。估计权力增长到了极限，就会肆意掠夺，蛮横无理。权力失却者习惯于他人意志对自己意志的绝对服从，习惯于不受约束和限制的强权生活。一旦不再拥有权力，昔日的威风不复存在，他便落到了和他昔日推行强权意志的对象的社会地位上，并且还要受新的权力拥有者的管辖。于是，往日固结的滥用权力的习惯使他无法接受这个现实，因此就大施刁蛮臭风，展无赖伎俩。当代老百姓怒斥某些官员"要钱不要脸"、"占了茅坑不拉屎"，就是对道德无赖者和政治流氓的声讨和控诉。做一个身心健康的人，做一个人格健全的人，做一个道德高尚的人，这是做好领导者的基础。一个连"人"都做不好的人，哪有资格去履行领导者的职权，又怎么可能全心全意地为人民服务呢？

二、政绩与官责：从政绝不做庸官

"为官一任，造福一方"，这是每一位有责任感的从政者的心愿，也是为官的职责所在。对于为官者来说，手中的权力是人民赋予的，口袋里的工资福利来自老百姓的纳税钱，理所当然应该担任好守夜人的角色，行使好手中的权

---

① 《"五毒书记"和他的官场逻辑》，http://www.sina.com.cn .2002年03月22日 南方周末。

力，勤勉工作，恪尽职守。责任感，可以说是官德之魂。官员作为一种特殊的社会角色，也是权利与义务的交互体，其特殊性主要表现在其角色权利的超众性和角色义务的繁重性。一个官员有无责任感，是否忠实地履行义务，是决定其有无政绩或政绩大小的主要因素，是衡量其道德水平高低的内在尺度。

（一）官责：官德之魂

如果说人类的社会关系是一张硕大无比的网，那么责任就是这网上的纽结。如果哪一个网结上出现了松动或破损，网就会出现漏洞，社会的良性运行就要受到损害，社会的主旋律就会出现不和谐的音符。责任是行为主体在社会关系中对特定任务的自由确认和自觉承担。由于社会分工的不同，每个人所履行的社会义务也不一样，责任就不可能是平均分配，也不是固定不变的。责任是依据行为主体"扮演"的角色变化而变化的。责任永远和角色联系在一起。个人扮演的角色多，相应承担的责任也越多；个人扮演的角色重要，相应承担的责任也就越大。社会之所以对官员期许最高的道德期望，就在于他们所扮演的角色重要，其责任重大。责任一经行为主体认同，就会产生强烈的责任感，就成为自己的内心信念和自觉行动。特别是关系人类历史命运的重大责任被人们认同以后，就会产生远大理想，就会产生强烈的历史责任感，就会产生巨大的内在驱动力，促使主体积极顽强地履行责任。责任感是一种内心信念，是主体履行责任的内在鼓动力。责任感是良心的重要组成部分。当履行责任并完成任务好时，会有一种良心上的满足感；当没有履行好责任时，就会受到良心的谴责。

客观的社会使命之所以能转化为个人的责任感，主要取决于责任的基本向量。责任在社会生活中有这么几个向量：从集体责任到个体责任；从外部责任到内部责任；从向后看的责任到向前看的责任。集体责任实际上就是社会的整体使命，如我国目前的现代化建设，而个体责任则是对社会责任的分担，或者说是集体责任的分配。没有集体责任向个体责任的转化就没有所谓的责任感。这里实际上存在一个集体责任的科学、公平、合理分配问题。有些官员之所以没有责任感，要么是因为责任不明确，要么是因为责任不到位，要么是因为权大责任小。集体责任的分配应与权力分配相当，否则，就会产生权大责小的"闲官"、"昏官"。外部责任是以社会、集体为社会监督和定性的责任，内部责任则是以个人本身为社会监督和定性的责任。二者之区别在于，前者是以社会发展的历史必然性为基础而客观存在的外在规定性，后者则以个人的主体认同和需要为基础而主观存在的内在自觉性。官员只有把外部责任转化为主体自觉，才能算真正有了责任感。向后看的责任就是对过去的事情所承担的责任，向前看的责任就是对将来的事情主动承担的责任。前者是表明在事情发生之后如何分担责任的问题，后者表明对责任的主动履行。真正有责任感的官，不是在等有了问题之后去承担责任（这当然比推卸责任者强），而是积极主动去为国为民分担责任，千方百计去造福于人民，实现由被动承受到主动履行的转化。

之所以说责任感是官德之魂，首先在于责任感的有无与强弱直接体现官德水平。如果说政绩构成官德的硬件，那么在政绩的背后靠的是责任感。为官者如果想的只是如何利用手中权力来谋取私利，或者只是为了"混一混"，根本就没有心系人民、心忧天下的情怀，那就不可能有政绩，也不会干好任何一件事。因为"要完成任何伟大的事业，都必须有吃苦耐劳的精神，都必须有意识地把较为艰苦和困难的工作担当起来"[①]。一个没有责任

---

① 《刘少奇选集》下卷，人民出版社1985年版，第293页。

感的人，本身就不具备当官的条件，还会有官德吗？毛泽东早就批评过这类人。毛泽东指出："不少的人对工作不负责任，拈轻怕重，把重担子推给人家，自己挑轻的。一事当前，先替自己打算，然后再替别人打算。出了一点力就觉得了不起，喜欢自吹，生怕人家不知道。对同志对人民不是满腔热忱，而是冷冷清清，漠不关心，麻木不仁。这种人其实不是共产党员，至少不能算一个纯粹的共产党员。"②其次，责任感直接体现了官员的职业良心。良心是对履行社会义务的强烈责任感和自我评价能力。职业良心是行为主体对职业责任的自觉意识。职业良心依据履行责任的道德要求，对为官的动机进行自我检查，对为官活动和过程进行监督，对为官后果进行评价。做了有利于人民的事，内心得到满足和欣慰；为官一任，一事无成，甚至是"败家子"，就会表现出内疚、惭愧和悔恨，从而毅然发奋，造福于民。面对人民的重托、老百姓的期待，那些玩忽职守者、无所事事者、国家财富的吞没者是否会扪心自问："我良心何在？"

有人认为从政为官的这条路其实很轻松，有权有势也很风光。也有些干部故意夸大官场的阴暗面，从消极方面悟出所谓的"官经政道"，认为工作政绩不政绩，并不重要，"干得越多就错得越多"，"干得好不如干得巧"，"只要上班点个卯，就算工作干得好"，"领导说你行就行，不行也行；领导说你不行就不行，行也不行"。他们认为为官的政绩不是靠实干，主要靠领导赏识和舆论造势，所以都没有把精力、情感都放在工作上，反之用在了跑官、要官、投机钻营和谋私利上面，对百姓疾苦不闻不问，一有问题，就相互推卸责任，逃之夭夭。从某种意义上说，如果为官一任，毫无政绩，就是失职，官无政绩甚至就是缺德。失职行为如果造成重大损失，还应

---

① 《毛泽东选集》第二卷，人民出版社1991年版，第660页。

受到法律的制裁。如果官居其位不谋其政，即使没有造成明显损失，也要受到道德的制约与谴责，从而使为官者受到社会舆论和道德良心的惩罚。遗憾的是，还没有听说过，某个官员没有把单位搞好，把企业搞垮了而内疚不已，自寻短见的。当然，并非是要那些"庸官"、"昏官"和"懒官"们都去寻短见，但至少可以说明一点，当代中国的某些官员其责任感何其淡漠，他们的良心何在？这是值得置疑的。

（二）官僚主义与行政低效率

不讲政绩，不但影响官员个人的道德声誉，而且还影响政府效能的发挥。机构臃肿、层次过多、职责不清、相互扯皮、工作效率低，成为当代中国政府机构的重要弊端。政府行为的不规范，政府行政效率的低下不同程度地同官德不良有关。而官德不良的集中表现是官僚主义作风。可以说，官僚主义是影响政府效能发挥的主要思想障碍，是官德建设之大敌。

周恩来在1963年5月写的《反对官僚主义》一文中指出了七种不同的官僚主义："糊糊涂涂，混混沌沌，人云亦云，得过且过，饱食终日，无所用心；一问三不知，一曝十日寒。这是糊涂无用的官僚主义"。"文件要人代读，边听边睡，不看就批，错了怪人；对事情心中无数，又不愿跟人商量，推来推去，不了了之；对上则支支吾吾，唯唯诺诺，对下则不懂装懂，指手划脚，对同级则貌合神离、同床异梦。这是懒汉式的官僚主义"。"机构庞杂，人浮于事，重床叠屋，团团转转，人多事乱，不务正业，浪费资财，破坏制度。这是机关式的官僚主义"。"指示多，不看；报告多，不批；表报多，不用；会议多，不传；来往多，不谈。这是文牍主义和形式主义的官僚主义"。"学政治不成，钻业务不进；语言无味，领导无方；尸位素餐，滥竽充数。这是颟顸无能的官僚主义"。"遇事推诿，怕负责任；承担任务，讨价还价；办事拖拉，长期不决；麻木不仁，失掉警惕。这是不负责任的官僚主义"，"遇事敷衍，与人无争；老于世故，巧于应付；上捧下拉，面面俱圆。这是做官混饭吃的官僚主义"。这些官僚主义表现在官的行为上无非就是"庸官"、"懒官"、"昏官"、"滑官"的行为。"庸"同"能"相对，"庸官"即不能干的官，没有能力承担责任。这种人可能是"好人"，但只能是无用的"好人"，为现代官德所不齿。"懒"同"勤"相对，"懒官"就是不干事的官，也许他很有能力，但不想用自己的所能来为国为民。"昏"同"明"相对，"昏官"即不明事理、稀里糊涂的官，既没有先见之明、当事之明，也没有自知之明。"滑"同"实"相对，"滑官"就是不干实事的官，成天很忙，就是没有成绩，他同"懒官"不同，给人以"勤政"的感觉。唯能、唯明、唯勤、唯实应当是现代官德的主要因素，而官僚主义则从根本上否定了这些。

当然，从总体上看，造成我国行政效率不高的原因很多，还有体制、机构、人事管理、办公手段、法规、制度、道德等各方面的因素。其中，道德因素尤其不可忽视，主要包括了：

一是行政人员的利己主义价值观。在我国的行政活动中，有不少低效率并不是种种客观原因造成的，而是直接由行政人员道德不正、作风不纯造成的结果。他们往往在道德上信奉极端利己主义，在作风上官僚主义，丢掉我们党和国家关于全心全意为人民服务的行政宗旨，把职位、权力当成谋取私利的途径和手段。在他们的眼里，效率并不是行政本身所要追求的目标，而是满足私利的筹码。有许多低效率正是由于没有满足当事人的欲望而故意造成的。比如：马上可以办的公务非得"研究研究"（烟酒烟酒），其"研究"期限往往以送礼、宴请、行贿的程度为转移，如若不移格，则继续"研究"，拖延时间。又如：本来就属于该机构、该人员工作范围内的事务，由于不是"关系户"，又没有请客、送礼、贿赂，结果是"退避三舍"、再三推诿，叫你四处碰壁、八方受阻，最后还得相信"世界难行钱作马"。再如：按照正常途径可以直接办理的事情，由于没给或少给当事人的"好处"，就多出许多环节和手续，直路变弯路，并从中作梗设阻，叫你领略"峰回路转"的滋味，让"时光陪伴你"。还有本来手续已齐全、表格很清楚、一切都符合要求就差盖公章的报告，由于不是通过某种私人关系，或"少请一餐"、"少给礼品"，手续就变得不齐全，表格就变得不清楚，一切都得重来，让你烦个够、急个没商量。凡此种种，不一而足，都是由于当事人的私欲没满足就故意刁难造成的低效率。

二是行政机关长期形成的缓慢性道德思维。由于中国人长期的小农经济生活，人们形成了"日出而作，日入而息"的传统习惯，时间观念、效率观念十分淡薄。所以，在古代中国，无论是自发的道德舆论，还是自觉的道德舆论，效率的道德评价都难有一席之地。人们不习惯于把浪费他人的时间看成是一种不道德的行为，像鲁迅先生所说的"浪费别人时间无异于谋财害命"，在古代中国社会不可能产生，即使产生也不会被普遍接受。虽然中国古代也有不少关于珍惜时间的格言、谚语。如"一寸光阴一寸金，寸金难买寸光阴"；"机不可失，时不再来"等，还有教育人们抓紧时间的《明日歌》（明代文嘉所作）。但这些格言、谚语、诗歌几乎都是停留在"不违农时"和"趁年少读书以免老大徒悲伤"方面，很少涉及提高办事效率。新中国建立以后，劳动人民焕发出极大的劳动热情，对新政府的办事效率提出较高的要求。新政府确立了崭新的行政宗旨，那就是全心全意为人民服务，适应建国初期人民群众的要求和建设新国家的需要，出现了旧中国从未有过的高效率。但是，由于小生产意识的长期和深刻的影响，人们在新的社会出现以后仍然没有完全摆脱"缓慢哲学"的思维习惯和生活习惯。而且，新中国成立以来实行的高度集中的计划管理体制以及不发达的商品经济，使慢节奏的生产方式、生活方式具有一定的客观性、适应性。与此相适应，新中国成立后的道德舆论不仅不对高效率作出肯定性的道德评价，相反让"遇慢而安，以慢为礼"的陈腐观念蔓延。这种陈腐观念渗透到人们日常生活的方方面面；宴请宾朋，常言"您慢慢吃"；送客上路，常道"您慢慢走"；与人交谈，常说"您慢慢讲"；叫人办事，常讲"您慢慢来"……所以，人们长期以来，对慢效率习以为常，慢效率被排除在道德谴责之外，成为一种非道德现象被人们所接受、允许或容忍。这种缓慢性道德思维其实质是一种崇古取向和静态取向，跟不上新时代的生活步伐，只能成为抑制创造性、阻碍社会发展的障碍。

　　三是行政传统中的"忠君"道德观念。在中国封建社会的行政道德体系中，忠君观念高于一切，是其他道德观念的基础和前提，忠君原则是支配其他道德原则的核心原则。在封建国家机器的运转中，忠君的道德观念使行政道德体系的合理成分化为乌有，并造成低下的行政效率。一方面，各级行政官吏都把手中的权力看成是皇帝权力的部分转让，因而同样把权力当做私有的特权来谋取私利，大可不必去理会人民的死活。行政公务成了行政官员攫取私利的工具，"衙门朝南开，没钱莫进来"。另一方面，行政官吏为了"忠君"，以达到升官换取皇帝更多权力转让的目的，都把精力放在钻研如何"敬上"、如何迎合君主主观意志，而放弃对管理要素的配置以及管理方法的研究，甚至视后者为畏途。在执行公务时，行政官吏只忠实地执行君主意志就行了，不必去考虑管理中的实际问题和解决办法。这样，中国的封建行政官吏长期养成了一种唯上从命、唯忠是要、唯君主利益为本，对人民的死活麻木不仁的官僚作风。

　　新中国的建立，使忠君的行政道德观念受到沉重的打击，因为封建的专制制度已经不复存在，但其余毒远没有消除。我们从目前行政效率低下的诸多现象中，可以看到其流毒的顽固性。其一，只唯上不唯下。一些行政人员眼睛向上不朝下，只对上级负责不对人民负责，只考虑上级机关或首长的指示、命令，不考虑实际情况和国家、人民的需要。如果上级机关或首长没有答应马上办的事情，哪怕实际上是"千万火急"的事情，同样拖延不办；相反，实际情况已经说明不能办、否则会给国家和人民带来损失的事情，只要上级机关或首长点头的，照办不误。其二，只"便官"不"便民"。在部分行政人员的思想观念中，行政权力的公共性、服务性，只存在于上级官员和同级官员之间，下级和人民群众不属于权力服务的对象。因此，他们可以急上级和同级官员之所急，提供各种方便以讨好上级、平衡同级，对下级和人民群众则摆架子、板脸孔，打官腔、作官势、发官气，给你门难进、脸难看、话难听、事难办。其三，只钻研"权术"，不学习业务。个别行政人员把精力都放在"权术"的钻研上，对上，揣摩领导意图，见风使舵，投其所好，给其所需；对下，心机权谋，深不可测，培植私党，构筑"关系网"。但对学习业务知识，总是没时间、没精力，视业务考试为畏途。这种人，既没有水平去发现、纠正上级的错误决策，也没有能力去为群众办实事，只会弄虚作假，玩弄表面形式。这些都表明我国的行政管理工作仍然存在忠君道德观念的阴影。

当然，我们说官僚主义是官德建设的大敌，从根本上讲不止于它在内容上如何同现代官德相冲突，而在于官僚主义本身的顽固性。周恩来曾指出，官僚主义是领导机关最容易犯的一种政治病症，也就是说，只要有官僚制度，就难免会有官僚主义。马克思·韦伯曾在1918年断言："工业与官僚制给现代和可预见的未来以特征。"90年后的今天，韦伯的预言得到验证，而且状况已远远超出了他的预想。官僚制组织的如此强大，原因在于它有较大的市场，被一些人视为珍宝。但令人费解的是，随着官僚制在社会各领域的扩展和渗透，社会生活越来越依赖于官僚制的运转，同时人们对官僚制的苦楚怨恨之声也与日俱增。韦伯所说的"官僚制"，是指现代社会实施合法统治的行政组织，它是一种高度理性的组织机构的"理想类型"。韦伯认为实施官僚制统治必须有两个条件：一是只能发生在属于法理型统治的理性国家，中国古代的官员制未能发展成现代的官僚制，正缘于此；其二必然是一个以工具合理性为取向的社会体系。韦伯在看到现代官僚制合理性的同时，也指出了其负面影响。例如，分级审理原则的贯彻必然会带来陡然增多的文件数量，可能会使文牍主义风气蔓延；强调履行职务活动必须在文件形式上齐全的过分求全态度，反而会使处理公务的效率降低；法规明确规定了官员的权限和职责，又可能产生对管辖以外的事情的漠不关心、互相推诿、本位主义和宗派主义的消极现象；处理公务严格按规章制度，意味着变人的关系为事的关系，又可能会带来官僚式的冷漠态度，等等。在这个意义上，"官僚制"（bureaucracy）与"官僚主义"（bureaucratism）密不可分，它们之间的界限难以划分，官僚制是孕育官僚主义的温床。由于中国法治精神的长期匮乏，官僚制的负面作用可想而知，离开法治精神的官僚制，无异于官为刀俎，民为鱼肉，所剩余的便仅有黑格尔所说的"东方式的专制"。因此，在中国要提高政府效能，当务之急必须是以法治国，加强法治。有了法治精神就可有效地抑制官僚主义，从而提高官德水平，让贪官不敢伸手，伸手必被捉；让庸官、懒官和昏官们不能上位，因为，无为则必然昭示着无位。

三、实政与虚绩：对政绩工程说不

政绩是官德的构成要件，但政绩的获得本身还有一个道德问题。"政绩"不等同于"政绩工程","政绩"依靠的是实干和真干,其出发点和目的地是为民,而"政绩工程"却是一场政治作秀,其目的是为了获取或骗取个人升迁的政治筹码和资本。因此,对于政绩的获得以及政绩的真假虚实还需运用一双"火眼金睛"予以察觉和识辨。而只有符合道德要求的政绩,才能构成官德的实际内容。

(一)政绩工程的危害

自古以来,居官为政者都希望自己能有所作为,从而获得好的声誉或口碑。而时下盛行的某些所谓的政绩工程、形象工程、面子工程,却完全是劳民伤财,哗众取宠,贻害无穷,有的还激起了广大人民群众的愤慨,造成的社会负面影响巨大。所谓政绩工程,是指某些领导干部或为了面子相互攀比,或为了个人或小团体的利益,而不顾当地实际和群众需求,不惜利用手中权力搞出的欺上瞒下、花团锦簇、浮夸虚假、不务实效却又可能为自己或小团体所标榜的虚、假、大、空的业绩。如在原本经济并不发达的一些地区,各地政府却竞相建起了奢华的办公楼和地标建筑;一些贫困县为了扩大影响,打着发展经济的旗号,却不惜花费重金搭建豪华舞台,举办奢华演出,甚至请来知名主持人、演艺界明星等,然而实际效果却往往得不偿失,如此等等,都是不顾后果、不负责任的行为,不但不符合官德的要求,相反是视人民利益而不顾的缺德行为,不但要受道德谴责,而且还应受到法律的制裁。

荀子曰:"口言善,身行恶,国妖也。"在近年来的反腐斗争中,"双面贪官"现象更是引起了社会的强烈反响。一方面,他们表面上留给人们务实肯干、业绩卓著、清廉勤政的外在形象;另一方面,他们却又非常善于掩饰和伪装自己,利欲熏心,贪得无厌,纸醉金迷,腐化堕落,从而在欲望的迷途上越陷越深，直至走向毁灭。

2011年5月9日，河南省郑州市中级人民法院对深圳市人民政府原市长许某受贿案作出一审判决，认定许某犯受贿罪，判处死刑，缓期两年执行，剥夺政治权利终身，没收个人全部财产。然而就是这样一位"许市长"，在2007年深圳市第四届人大第三次会议上高调地向媒体表示：要做一个清、民、勤、思的市长，即一个清廉的市长，一个有爱民之心、倾听民意、关注民生、为民解困的市长，一个勤勉、勤政的市长。在2009年初的深圳市人大会议上更是许下了"不漂浮、不作秀、不忽悠"，以及"做一个清廉的市长，不留败笔，不留遗憾与骂名"的政治宣言，还信誓旦旦地承诺说："在土地、项目、工程审批等政府重大经济活动上，我不会打一个招呼，不会批一个条子，不会推荐一个队伍。"然而，背着人民他却穷奢极欲，大肆贪污，收受贿赂，生活腐化，一副活生生"双面贪官"的丑恶嘴脸。

同年5月12日，原杭州市副市长许某因贪腐一审被判处死刑，其涉案金额逾两亿元，据说打破已宣判贪官的最高敛财纪录，堪称为"新中国第一贪"。同时，他也是近年来落马高官中第一个被处极刑者。办案人员给许某取了个绰号，叫"许三多"——钱多、房产多、情妇多。相对于许某的贪腐，市民们更津津乐道于许某背后的情人们，而与他共事过的下属却对此感到十分愕然。因为许某一向以"工作狂"形象示人，仿佛根本没时间"玩女人"。而一位与许某共事过的官员却一语道破天机，许某通常会借加班之机与女下属发生关系，往往是开着办公室的灯，悄悄打车去酒店，然后再回到办公室继续加班。

同年10月27日，广州市中级人民法院以涉嫌内幕交易、泄露内幕信息罪、受贿罪判处李某有期徒刑11年，并处罚金人民币2000万元、没收财产人民币10万元。这位"前瞻木兰，情系中山"的"巾帼女杰"，2009年曾高调当选的"十大品牌市长"，当时的获奖理由是"她脚踏实地，一步一个脚印成长为杰出的品牌女性；她以其务实的作风，前瞻性的眼光，引领中山迈入珠三角科技金融结合试点城市。2009年，她在交通、金融产业集群、城建环保等各个环节，为打造中山城市品牌，持续不断地挥洒着热情。"然而，这样一位"品牌市长"却因为经济问题而受到了法律严惩。

可见，判断一名官员勤政不勤政，其动机很重要。如果是为公、为民，则名副其实；如果是为谋一己私利，则是假公济私，伪勤政。如前述提过的"五毒书记"张某就是一个善于政绩造假的高手。1997年，北京的一家知名杂志刊登了一篇题为《张某：十年鏖战丹江口》的报告文学，在这篇洋洋一万多字的长文的开头，引用了一首出处不详的"民谣"："丹江口来了个张某，家家户户满粮仓。就是碰上了鸡猴年，也能吃上个肚儿圆。"作者显然想把张某描绘成丹江口人的衣食父母。张某是1988年初到丹江口担任市长的，据《十堰统计年鉴》记录：丹江口1988年的国内生产总值（GDP）为5.0338亿元，仅比他上任前的1987年的4.2666亿元增加了7000多万元，这个较为平稳的数字一直持续到1992年，为8.2284亿元。1993年，这个市的GDP猛然窜到16.1161亿元，比上年增加了近8个亿！此后，更是连年翻筋斗，1995年的GDP达到了38.5502亿元，财政收入1.75亿元，分别比上年增长35.2%、70.4%，丹江口宣布"全面脱贫"。1996年，张某被提任十堰市市委常委、丹江口市市委书记。此后丹江口的统计数字继续年年上升，1998年，丹江口市年报GDP为82.6亿元，财政收入2.85亿元，农民年人均收入2545元，获湖北省"十强"县市称号。1999年底，数家媒体聚焦丹江口，揭穿了当地骇人听闻的统计数字造假黑幕。湖北省为此进行了一场统计数字"挤水"运动，丹江口一地在此次运动中"挤水"总量占全省的5%。2001年，有关方面作出权威统计，丹江口市2000年国内生产总值、财政收入分别比1998年缩水近50%和40%，仅相当于1995年的水平。丹江口在获"十强县市"称号两年之后，又申请重新列入国家扶贫开发重点县市。而此时，从"数字政绩"中获益最大的张某已经调省直管市天门市任市委书记。时至今日，张某依靠数字政绩造假、虚假政绩升官的丑闻方大白于天下。

"官出数据，数据出官"，这一说法深刻地描述了官员利用统计数据造假、利用虚假政绩作秀之怪象。2010年8月12日新华网报道：河北省保定市阜平县是国家重点扶贫县，2009年一般预算收入不足亿元，但阜平县却出现了一个只有300万的项目，政府上报称完成投资1亿元的情况。据国家统计局官员介绍，有些地方官员不是拿笔直接改数据，而是在前面加个"1"、在后面抹掉个"0"，从源头上进行造假。辽宁省某建筑科研单位的一名干部也讲述了他亲身经历的一件事：2008年底至2009年初，正值全球金融危机肆虐，一些地方面临"保八"的紧迫任务，而房地产等重大开工项目对于能否完成这个目标至关重要。然而对于东北来说，由于气候等因素，并不适宜在冬季继续开工建设，但由于有上级的"硬性"要求，各地也就有了相应的对策。西部某省一家企业的负责人也遇到了同样的烦恼，他告诉记者，他们公司一年的产值有800多万元，但当地政府在"保八"压力下，要求每季度都要报2000多万元产值，这样一年下来，公司的总产值达到近亿元，虚报了10倍还多。

据《中国青年报》报道，国家级贫困县河南省卢氏县在当地农民尚未脱贫、教师工资长期拖欠并先后接受国家扶贫款达1.1亿元的情况下，斥巨资大搞县城美化。1996年，该县在财政收入不足4000万元的情况下，耗资1396万元，在县城搞起了夜景工程、绿色工程、隔离带工程等10个"重点建设项目"。县城建了7条不同风景的绿色街道，可南方的棕榈、黄杨等植物，不适应北方干燥，前边栽后边死，死了再栽，资金白白打水漂。投资20万元建造的大型喷水工程，用了一个多月就坏了，如今成了一堆废铁。①

2000年4月17日，据新华社郑州电讯：河南省安阳市1990年实施"千村百万工程"，1993年又跃升为"千村千万工程"，即"到1995年，千村创千万（年产值），乡乡超亿元（产值）"。为完成这一"雄伟计划"，安阳市各级政府一齐上阵，订计划、下指标、压任务，并将是否完成与干部政绩考核挂钩。短短几年时间，全市新上企业数以万计。但因很多项目缺乏科学论证，总体上不能冲出低水平重复建设的怪圈，运行质量差，大批企业亏损倒闭，几年下来，全市乡镇财政负债高达5.7亿元，平均每个乡镇负债596.6万元，最高的一个乡竟达2206万元。

"政绩工程"劳民伤财，贻害百姓，不是真正的"政绩"，而是"政疾"。"政绩工程"打的是为民的旗号，实际上却"长的是官员的脸，撑起的是政府虚荣"，这对于党所要求的"实事求是"的思想路线，对于经济社会的可持续发展，对于树立政府工作的权威，维护人民群众的合法权益来说，都起着十分恶劣的负面影响。胡锦涛总书记指出：我们必须明白，真正的政绩应是"为官一任、造福一方"的实绩，是为党和人民踏实工作的实绩。这揭示的才是政绩观的本质，它要求为官者"要牢固树立全心全意为人民服务的思想和真心实意对人民负责的精神，做到心里装着群众，凡事想着群众，工作依靠群众，一切为了群众，坚持权为民所用、情为民所系、利为民所谋，为群众诚心诚意办实事，尽心竭力解难事，坚持不懈做好事"。而只有这样，我们才能真正赢得人民群众的好评、信任、支持和拥护。为了应对虚假的"政绩工程"，我们还应加快建立科学合理的干部绩效考核制度，奖勤罚懒，用制度管人，对

---

① 用公款买"政绩"就是腐败：http://www.sina.com.cn. 2005年09月20日检察日报。

那些浮夸虚假、热衷于"政绩工程"的官员们实行严厉的问责制,把那些庸官、懒官、昏官、贪官和滑官们统统拉下马来!

(二)勤政误区的避免

一个合格的官员需要做到"德、能、勤、绩、廉"这五大方面。"德"是指有官德,"能"则是有能力,"绩"指的是政绩,"廉"要求的是廉洁,而其中举足轻重的"勤"字,常常容易被偷换概念。2009年,湖北省黄冈市原市委常委、统战部长操某,被法院以受贿罪判处有期徒刑13年,并处没收个人财产15万元。其在法庭上提出的自我辩护竟是"我不廉政,但勤政",并希望据此减轻刑罚。一个滥用职权、贪赃枉法的官员竟自称勤政,殊不知勤政正是廉政的根本途径,而廉政则是勤政的前提条件。用"勤"的形式表面掩饰其获取腐败资本的目的,是因为其错误理解了勤政的涵义,走入了所谓勤政的误区,如果不及时纠正对勤政的误读,树立正确的勤政观,小则影响职能部门的效能,重将可能导致走入腐败的泥潭。

第一,事无巨细,事事躬亲。在《资治通鉴》中,对三国蜀相诸葛亮有这样一则记载:"亮尝自校簿书,主簿杨直入,谏曰:为治有体,上下不可相侵。请为明公以作家譬之:今有人,使奴执耕稼,婢典炊,鸡主司晨,犬主吠盗,牛负重载,马涉远路;私业无旷,所求皆足,雍容高枕,饮食而已。忽一旦尽欲以身亲其役,不复付任,劳其体力,为此碎务,形疲神困,终无一成。岂其智之不如婢鸡狗哉?失为家主之法也。是故古人称'坐而论道,谓之王公;作而行之,谓之士大夫。'故丙吉不问横道死人而忧牛喘,陈平不肯知钱谷之数,云'自有主者',彼诚达于位分之体也。今明公为治,乃躬自校簿书,流汗终日,不亦劳乎!"其实,杨禺页的劝说所言甚是,然而诸葛亮没有听信他的意见，依然"夙兴夜寐"，"事必躬亲"，直至最后"出师未捷身先死"，累死在征战途中，实为可惜。将诸葛亮的例子放在当代，这种对事业的责任感和热情虽值得称道，但却缺乏科学的领导方法。当杨禺页以"若皆身亲其事，将形疲神困，终一无成"劝诫诸葛亮，他却回答说："唯恐人不似我尽心。"这种只相信自己，不相信他人，不肯把事情假手于人的态度，忽略了适当放权的重要性，事事亲自动手和包办，忽略了对人才的鼓励和培养，以致当问到"如公百年后谁可任大事者，故辄还耳。乞复请蒋琬之后，谁可任者？"亮曰："文伟可以继之。"又问其次，亮不答。姜维、蒋琬这几个"接班人"，由于诸葛亮的事必躬亲，无法得到锻炼，施展才能，养成唯唯诺诺的行事风格，尽管姜维颇具才能，但最终还是威不服众，难撑残局，导致三国鼎立蜀先亡的悲剧。尽管这并不是蜀汉先亡的唯一原因，但智慧过人、满腹韬略的诸葛亮，在管理和培育人才的问题上显然是失策的。

"出师未捷身先死，长使英雄泪满襟"，现代领导者和管理者，需要学习的是这种躬亲的工作热情和责任感，但更需要的是科学的领导方法。有些官员在管理过程中，事无巨细，无论是否属于自己的领导工作范围，大到某个项目的决策，小到部门某位员工迟到早退的处理都要亲自过问，甚至亲自动手，这并不仅仅是官员是否有能力事事躬亲的问题，而是认识上的问题，这种官员对其职能地位、思想观念和价值观念定位有偏差。

一些领导常常认为勤政就是勤下基层为群众解决实际困难，平易近人地和下属打成一片，关心帮助下属的工作和生活，当然，这种领导的品质和态度是值得称道的，但如果过分把精力放在这些具体工作上，会削弱领导工作的效用，长此以往，会导致管理工作出现效率低下、消极怠工等现象。首先，领导长期投入日常繁杂的琐碎事务，反而无暇顾及其本职工作。正如前文所提到的，领导的职责是为组织规划和制定长远的工作目标，以及为如何实现这些目标提供可行的方针，监督完成这些目标并评估其效用。尽管事事躬亲的领导努力勤奋的付出比常人多的工作，但整日纠缠于这些繁琐小事，无异于占着领导的职位，做着普通基层员工的工作，这就失去了领导存在的意义和价值。组织需要的是一个综观全局并做出决策的统领，是站在一定高度管理和指引下属的人，而不是多一个四处处理杂事的冗员。事事亲力亲为，便无暇顾及本职工作，将会直接影响决策的正确性和有效性。其次，领导对下属的工作取而代之或事事过问，会导致下属出现逆反心理。由于大部分官员都是从基层做起，习惯过问工作的细枝末节，从而养成办事事无巨细的作风，不相信别人的工作能力。这样的官员也许并非不愿放权，只是难于信赖他人。然而这种"包办"的管理体制会阻碍成员专业和优长的发展，大大降低工作积极性和信赖感，导致员工消极怠工，难以发挥组织和群体的作用。此外，官员在管理过程中事事包办，会影响组织的可持续发展。领导不仅要善用人才，还需要发现和培养人才，如果不愿放权，下属便失去展现自我和锻炼才干的机会，不利于组织的稳定和发展。诸葛亮"出师未捷身先死，长使英雄泪满襟"的故事还反映了领导事无巨细的工作风格会造成身心的超负荷透支，更不用谈引领员工开创新局面了。

第二，事无章法，不讲效率。2010年1月7日，郑州市召开的关于发展改革物价工作会议，提出了"逐步实现市区公交票价统一"的政策。然而，尽管有关方面提出了目标，但真正的政策"逐步"实施的进程让人不敢恭维。从最开始说的一个月"逐步"解决，到半年后同样的"逐步"，到底具体实施时间要"逐步"到何年何月却一直"逐"而未决。郑州公交1.5元票价属于郊区线路，距离长、成本高，因此票价偏高。不能让公交车亏本行驶的目的可以理解，但1.5元的票价，加重了基层老百姓的生活负担，也增加了很多找零的麻烦，浪费时间和精力。尽管有关部门多次表示要将票价统一到1元。但从2009

年7月到2010年1月,答案仍然是正在"逐步统一"。2010年7月18日,郑州市市长赵建才主持召开第29次市政府常务会议,专题研究公交发展问题。会议决定启动价格调整程序,拟自2010年8月1日起,郑州市公交总公司带有空调设备的公交车票价(不含旅游专线、城乡公交)全面调整,实行普通公交1元票价政策。低于成本部分由市财政予以补贴。关于政策的听证会仅用了40分钟,全部9位发言人均表示同意空调公交车降价。从省委书记卢展工提出问题到公交降价,用时不到一个半月。效率比较高,但同类的事件,同样发生在郑州,涉及面更小、涉及人数更少的城乡公交与空调车为什么一直得到"逐步"的答复呢?如果能够把"逐步"换成"10个工作日以内"之类的答复,并能够真正加以实施,群众一定拍手称快,归根结底,这是行政效率低下的结果。

正如前文所述,行政效率不仅是评价行政工作的综合性指标,也是行政的根本所在。有些官员尽管看起来每天日理万机:上报领导,下跑基层,文山会海,但仍然理不清办事头绪,不仅毫无章法,还效率低下。造成这种状况的原因主观上来说,首先是业务素质不高,专业技能不强。由于官员的知识文化水平和专业素养参差不齐,导致办事效率和灵活性各不相同。有些官员忙于应酬,疏于学习和更新专业知识,这直接影响了其做决策和办事时可选择方案的正确性和数量。在同一项工作中,拥有的相关知识越多,就越可能灵活、高效、合理地得出方案和处理结果。丰富的实践经验是连接知识和实际问题的桥梁,越多经验就会形成越多的方法,学习而来的知识也就能在实践中得到更多应用,如此循环往复增长才干和经验的过程,才会处事有方。其次,处事呆板,教条主义。群众办事最忌"门难进、脸难看、事难办",由于缺乏解决问题的能力,遇事只会依照条条框框,照本宣科,不善于思考,原则性过强,灵活度不够,拿不出可行性方案,大大影响办事效率。有些官员甚至由于自身业务素质不过硬,难以做到"一次性告知所需的全部材料"的要求,办事拖沓,更无效率可言。第三,敷衍塞责,不办实事。由于管理层级众多,机构重叠,办事程序繁杂,真正要落到实处的工作往往官多兵少。权责不清导致无论大小事宜都要经领导批准,而领导常常忙于大量的会议和繁多的审批文书而无暇及时接受请示汇报和发号施令,导致无法上情下达,管理程序断层。第四,决策缺乏科学性和时效性。官员在决策过程中,闭耳塞听,缺乏良性互动,一人拍板的方式难逃个人偏好和权力滥用对决策正确性的影响。缺乏团队的"头脑风暴"式的详细论证会导致理论和实践上的片面性,容易导致决策失误,从而影响效率。另外,由于官员做决策的信息往往来自下级层层上报的材料,这些原始资料的准确性本身就存在缺陷,加之繁杂的中间环节和官僚主义的影响,常常错过决策的有效期,延误决策的制定,使得决策缺乏时效性,导致效率低下。

第三,越俎代庖,超越职权。有一个很生动的例子,2004年福建省周宁县七步镇政府为了让农民种植包菜,违反有关规定与农民签订一份经济合同,不料"包菜致富经"念成了"包菜绝收经",不仅严重损害了政府形象,而且使农民遭受了重大损失。由于周宁县位于福建省北部,县境内多山,海拔较高,平均气温比平原地区低6至8摄氏度,县城有"天然空调城"之称。该县是福建省定贫困县,七步镇离县城虽只有5公里,大部分村民生活仍十分贫困。2000年春节前后,曾从事农场管理的福州人李维钦路过七步镇时想到可以利用这里的气候条件搞个蔬菜反季节基地,并与周宁县领导商议有关事宜。周宁县和七步镇有关领导对其计划高度重视,将其作为一项重要的引资项目对待。2000年2月,七步镇政府召集岭头、梧柏洋村的干部开会,原镇长周文诗向大家介绍大面积种植包菜的项目,称这是很好的致富项目,要求村干部带头种,各村立即上报种植面积。在镇、村两级极力发动并采取一些"有力"措施的情况下,这一项目正式启动。2000年2月18日,七步镇政府就包菜种植一事分别与李维钦和岭头、梧柏洋等村签订合同。在与两村签订的合同上写明：农户使用镇政府提供的种子并按其技术指导种植包菜，如有损失，由镇政府负责赔偿，以每亩5000斤、每斤0.25元计算。在和李维钦签订的合同上约定：包菜种子和技术指导由李维钦提供，收成后包菜由李维钦收购。镇政府用这两个合同架起了农户和李维钦间产销关系的桥梁。按这两个合同，农民只要使用李维钦的种子，在他的指导下种菜，这将是一桩"只赚不赔"的好项目。如果有收成，每亩将有两、三千元的收入；即使绝收，农户也会获得每亩1250元的赔偿。另外，镇政府还将李维钦的120万元马来西亚股票和20多万元的房产证抵押在镇政府，农民的利益看似万无一失。就这样，两村的农户以极高的热情投入到这个"致富"项目中，一些在外打工的村民也放弃每年不低于8000元的收入，从外地赶回来种"致富菜"。2000年6月，当地持续下雨，长在地里的包菜溃烂，几乎全部绝收。村民陷入了极度沮丧中，他们认为是假种子坑了他们，镇政府应按合同上的约定进行赔偿。而镇政府认为气温过低，雨水过多，是造成绝收的主要原因，而且，所签合同无效，故镇政府里不负赔偿责任。

虽然镇政府带领村民致富的愿望是好的，但却错在越俎代庖，与村民签订了本该由投资方签订的合同，未考虑到其合法性，更没有准确定位自己的权责角色与职责，结果事与愿违。其中，政府官员具有不可推卸的责任。[①]

如果领导干部没有准确地对自己的职责角色定好位，处理好职权关系，就容易走入低效，甚至腐败的深渊。官员在管理过程中容易走两种极端。有的权利欲望过强，乐于越级管理，有些却事事要求下属"代庖"。一般说来，领导是否授权分责的程度取决于组织规模的大小和专业化程度的高低。

---

① 罗增桂、项可来，《政府越俎代庖，荒唐合同坑农，七步镇"包菜风波"》，《中国改革·农村版》2002年第六期。

在人数较少、规模较低、专业化程度不高的政府职能部门中，领导一人分饰多角，亲自处理矛盾的情况是合理的。但有的官员在授权处理的情况下，由于权力欲和不信赖感等原因，越级管理本不属于其职能层次的事物，不仅使得上下级之间容易产生矛盾，下属工作不好开展，还可能导致打破层级而使得事情复杂化。特别是对于下属工作人员，不仅压缩了他们实现自身能力的空间，更令其遭受多重领导而压力不堪，同时也增加了工作量。职能部门之间权责不清，容易导致相互利益的拉扯，行政决策和行为的效益也受到了很大限制。另一种极端则是领导事事要求下属"代庖"，本末倒置。面对冗杂的事务和繁多的应酬，何时需要"躬亲"，何时要被"代庖"，官员需要分清主次。有些领导将本该亲自动手处理的事务却让下属代劳，小到生活琐事、会议发言稿，大到参加会议、检查工作、制定决策，甚至在管理过程中出现问题也派下属处理，更甚者要求下属承担责任。而当遇到像领导视察、项目合作、出国考察、外出应酬之类的和自身利益相关的事务却捷足先登。如果对上级做出的决策和部署不能坚决落实，在是非利益面前暧昧不定，也就无法清楚认识领导的工作职能和责任，把本职工作做好。

（三）勤政理念的塑造

官员在管理工作中如果存在上述误区，就容易陷入费力不讨好的低效困境。如何在实际工作中转变观念，令官员不仅能够形成在其位谋其政、积极进取、爱岗敬业、勇于担当的勤政文化，并且优质高效、实事求是地作出决策、服务群众，就要从思想上进行重塑，在实践中总结经验，树立科学的勤政观。

首先，改造思想，认识自我。第一，以马克思主义理论特别是中国特色社会主义理论，作为指导自己改造主观世界和客观世界的方法论，从而提高自我运用科学的理论分析和解决问题的能力。提高自我的政治素养,正确处理国家利益、集体利益和个人利益的关系。第二,正确认识领导地位,既要尽量发挥领导的个人作用,亲自动手,又要划分好事必躬亲与事无巨细的界限,掌握两者之间的度。在组织机构较小、职能人员稀少的情况下,亲力亲为、身先士卒不失为有效的领导方式,但在较大的组织中,则将事必躬亲作为一种树立良好榜样、带动成员工作热情的工作态度,而非具体的领导方式。将领导亲自动手处理的问题在所有工作中的比率形成一个量化的标准不失为一个有效的对策,设定理性领导的界限,既不过于干涉下属的职权范围,又能起到率先垂范的领导效用。第三,既要掌握全局,又要了解具体情况。官员在职能部门中的关键作用不仅是统揽全局指引方向,同时也要穿针引线上情下达。站在全局的战略高度上思考问题和谋划工作,既要有前瞻性又要注重计划性,在以大局为重的同时因地制宜,具体情况具体分析。有效地传达和实施上级交予的任务,适当放权,鼓励和监督组织成员有效地处理问题,掌握工作的主动权。

其次,知人善用,科学管理。组织中的每一个成员都对应着相应的工作环节,要将这些人力资源的效用最大化发挥,首先就要重视团队精神的塑造。在组织中形成积极的学习氛围和工作目标,树立优秀的榜样,打造共同的组织文化。在工作中有效分配并适当放权,不过于干涉下属职权范围内的事务,增强组织成员的信赖感和归属感,不仅能够有效发挥每个成员的优势,调动工作积极性和创造性,还能提高工作效率,简化层级关系,避免职责不清、相互推诿、多头领导的现象发生。在此基础上,组织机构中的每一个成员都对共同的文化和目标产生一种向心力,共同努力达到目标。在科技发展日新月异、外部环境变化万千的背景下,不可能仅凭经验或教条办事,而要从思维上和实践上注重科学性和创新性。从科学常识到专业理论,要把知识不断更新并融会贯通,对事件中出现的问题科学分析、查找原因并解决问题。办事从实际出发,从群众的利益和需求出发,勇于打破常规和刻板的条条框框,多角度立体化充分思考,不盲从,不敷衍塞责,为群众切实解决困难。

第三,学习自律,抵制腐败。英国学者培根曾经说过"读书足以怡情,足以博彩,足以长才,怡情也,最见独处幽居之时,其博彩也,最见于高谈阔论之中,其长才也,最见于处世判事之际"[1]。学习是一种责任、一种精神追求、一种心智锤炼,养成终生学习的习惯,是每个官员应尽的义务。包括对理论的学习,提高思想政治素养;对业务的学习,提高依法行政能力;对政策的学习,提高对当前形势的认识和把握;更要注重对道德的修养,严于律己,远离腐败。古代诸子百家总结的道德修炼途径鞭辟入里。孔子强调"立志于道",一个人应该确立什么样的志向,孔子认为应该志于道,树立崇高的道德理想,"朝闻道,夕死可矣",在道德修养的过程中,应发挥百折不挠的精神,"自省自克",培养道德自觉,从我做起,强调"身体力行",反对"言过其实"。道德修养的过程就是"改过迁善",也就是去恶从善的过程,只有通过"慎独"的方法,严于自律,领导干部才能够抵制住方方面面、形形色色的诱惑,才能够真正做到依法行政!

---

[1] 转引自《党的干部阅读,关键在于"下苦工"》,中国共产党新闻网:http://cpc.people.com.cn/GB/64093/64103。

第四章

为政以私：失职行为的道德批判

社会契约论者认为，政府的权力来源于公民权力的让渡，因而政府权力的运作必须体现出公意，作为具体执行者的官员在执行公务时必须代表公共意志，要为政以公。正如卢梭在《社会契约论》中所勾勒出的景象——"所有成员作为平等的个体自愿地参与集体决策，而集体决策必须平等地表达出所有成员的利益。这就是公意（the general will）的运作。"[①]然而，这只是基于一种理想状况的描述。从某种意义上说，从政为官也是一种职业，并且这一职业本身并未脱离自然人与社会人的属性，如此一来，并非是完全意义上大公无私、完全利他的，他也有自己的利益诉求和"私心"，在行政自由裁量权客观存在的情况下，很多时候就难以抵制欲望的诱惑，为政以私成为可能，则失职行为成为必然。失职意指官员对本职岗位不认真不负责，没有依照相关规范履行自己的职责，在其位未谋其政，甚至尸位素餐，给本地区本部门本单位或行政相对人造成损失的行为。《左传·昭公二十九年》有云："夫物物有其官，官修其方，朝夕思之。一日失职，则死及之。失官不食。官宿其业，其物乃至。"这里的"失职"即是指玩忽职守，未尽本职。失职行为在行政工作中通常表现为庸政、懒政和昏政等现象。失职行为的道德归因主要体现在积习文化与制度乏善两个方面，对失职行为的防范治理则需通过从政理念的重塑与制度补缺来予以解决。

---

① 杰弗里·托马斯：《政治哲学导论》，顾肃等译。中国人民大学出版社2006年版，第233-234页。

一、庸政、懒政、昏政：失职行为的"罪与罚"

失职行为有形形色色的表现，大体可归结为庸政、懒政和昏政三种，失职行为贻害无穷，罪无可恕，于外给权利让渡者带来巨大的利益损害，使得行政相对人的利益蒙受损失，于内则使政府公信力受损，严重损害政府形象。因此，对其必须予以严惩。

（一）失职行为的三种典型

治理失职行为，首先就要治理庸政。"庸"字在字典里的解释意为平庸，不高明，没有作为；庸才则指能力低的人；庸政则意味着官员思路窄、办法少，能力低下乃至能力平平，工作能力不适应工作需要，老方法不管用、新办法不会用，遇到矛盾绕着走，碰到问题不敢抓，面对风险不敢闯，不敢作为，导致政府效能低下或政府决策失误，从而带来不必要的浪费和损失。德才兼备一直是我国历朝历代选人用人的标准，由此可见才的作用是何等重要。简单来说，庸政有两大突出表现：决策失误和办事拖拉。

一是决策失误。毛泽东曾说："领导者的责任，归结起来，主要是出主意、用干部两件事。"他认为，共产党的干部政策，应是以能否坚决地执行党的路线，有独立的工作能力，积极肯干，不谋私利为标准。这里拿主意与有独立能力无疑是指官员做决策必须正确，因为决策失误带来的浪费是最大的浪费。作为主政一方或主管一个单位实务的官员，决策失误是庸政最鲜明的表现，他们经常违背客观规律的大干快上，给整个社会带来的损失浪费就更大了。2002年8月，原本宽敞空旷的阜阳飞机场已经成了一片野草疯长的荒草地。这个荒芜了的、投资3.2亿元的飞机场，是王某当上阜阳行署专员、地委书记后精心打造的"杰作"。阜阳飞机场原先是个很小的飞机场，只飞阜阳到合肥的专线小飞机，王认为这有损阜阳大都市的形象，必须扩建成一个可以开通国际航班的大机场。王在跟幕僚们讲述扩建机场的种种好处诸如提升阜阳的"国际形象"等等后，还讲了他的"亲身经历"："我到深圳以及马来西亚等东南亚国家去招商引资，经常有大老板和外商问我：有没有从当地飞往阜阳的航班呀？"王某圈地数千亩作扩建机场之用，他向安徽省民航局提出，保证上座率在60%以上，如果客源不定由阜阳地方财政补贴。而机场如果启动，阜阳财政每年将要补贴700万元以上，以阜阳连工资都发不起的财力，如何可行？可笑的是，一直到飞机场扩建完毕，王某连扩建机场的可行性报告都没有看几页。1995年，飞机场扩建工程正式动工，阜阳市的政府工作人员、教师、农民每人被摊派了数百元钱的机场建设费。从当年起，阜阳市委、市政府开始下达硬性财政收入指标，这给下面的工作造成了极大的压力，某乡镇曾经发生过一起乡长带枪强收提留款打死村民的事件，而王对此不闻不问。阜阳的飞机场直到1998年才完成，耗资从预计的6000万追加到3.2亿。由于客源严重不足，在勉强营运1年后，飞机场被迫关闭，现成了野鸟们的乐园。①

从上述案例中我们可以发现很多令人深思的现象。撇开该案例主人公的好大喜功不说，很重要的一点是决策失误导致庸政。在没有经过任何规划设计和论证的情况下，单凭个人主观感觉和喜好，"拍脑袋"、"拍胸脯"

---

① http://news.sohu.com/66/14/news202771466.shtml.

来做决策,违背实际情况,违背客观规律,导致极大的浪费,劳民伤财成为必然。只有决策失误带来极大浪费时,人们才意识到官员无能而产生的庸政所带来的危害是何其大也。然而通常情况下,一般的庸政并不被认为是一种"原罪",否则太平官也不会到处可见,办事拖拉,行政效率低下其实也是庸政的表现。

二是办事拖拉。我们知道,行政效益是一个矢量,有方向,可分清正确与错误,决策失误就明显是行政效益低下乃至负值的表现;与之相对应,行政效率则是一个标量,可度量其大小,办事拖拉无疑会将行政效率降低。办事拖拉意味着今日事明日毕乃至后天毕,将该办的事情拉长战线,尽可能多地花费时间,这样一来,行政效率低下成为必然。办事拖拉的原因多种多样,如职能交叉重叠、缺乏外在监督惩治机制、文山会海、公文旅行等。1999年12月,顺昌县岚下乡东坑村开始实施家村电网改造,该村一老汉范某满怀喜悦心情,购买了电磨,用以代替原来的手推石磨,以期待能更快更好地为全村村民提供磨浆服务,同时也为自己增加一些收入。范某于12月26日喜滋滋地向"农电改"指挥部申请安装电表,同时缴纳了300元安装费,期盼换上新表新线,好尽快让这台电磨转起来。谁料事与愿违,时隔九个月,新电表新线路均未安上,这台机器仍没有运转起来。为此,老汉心急如焚,多次往返于乡村之间,进出岚下乡变电所,但这些部门的办事员却相互推诿,电表迟迟不给安装,眼看机器在生锈,老汉气急之下,于2000年10月一纸投诉到县机关效能投诉中心,并在投诉信中盖上了"急件,盼批复"的大印。县机关效能投诉中心以督办件形式交县水电局处理,水电局领导对此十分重视,当天就召集监察室、电建公司等有关部门人员进行调查,了解详情后,认为这是典型的官僚主义作风,必须立即整改,他们责成电力公司施工队必须在两天内为老汉装上电表,责任人必须向范某作书面检讨。第二天，电力公司党总支副书记带领责任人范某，登门当面向老汉赔礼道歉，并现场监督施工人员安装电表，接通电源。此事在顺昌电力公司引起强烈反响，公司负责人表示，要以此为契机，杜绝企业员工吃拿卡要行为，本着全心全意为人民服务的宗旨，下大力整顿工作作风，以整改的实际成效取信于民，以群众满意不满意、高兴不高兴作为今后一切行动的标准。①

群众利益无小事。凡是涉及群众切身利益和实际困难的事情，再小也要竭尽全力去办。从上述案例中，我们可以发现，各部门职能交叉不清，导致推诿扯皮，留下管理真空，出现"几不管"现象，加之工作人员官僚作风盛行，很简单的事情被拖了九个月之久，损害了当事人的利益，同时也损害了部门形象，好在相关部门能够及时改正错误，挽回了群众的信任。办事拖拉是机关的通病，一方面由于各机构之间的条块分割、公文旅行、审批不断阻碍了行政效率的提高；另一方面则是机关工作人员的散漫态度，能拖则拖。预防和矫正"遇到矛盾绕着走"、"等靠要"的思想，精减会议和文件，办实事、求实效，提高行政工作效率是治疗"机关病"的良方，如今各地政府服务中心建设在很大程度上矫正了这种偏差，职责更明确，服务态度也大有改观。

治理失职行为，其次要治理"懒政"。懒政是指官员处理政务问题时方法简单、作风粗糙，工作不负责任，整天无所事事，无所作为，上不能利党，下无以益民。"懒官"们通常拿钱不干事，为官不作为或消极作为。古人云："在其位，谋其政。"对于领导干部来说，权力意味着使命，领导就是服务，应该司其职，负其责，为公事殚精竭虑。然而，许多官员却忘记宗

---

① http://www.dezhou.gov.cn/ztzl/tzy/jsjy/200803/t20080314_28384.html.

旨和本色，在岗时不务公事或不认真处理公事，明明是复杂的系统工程，需要经过科学规划论证，但为了减轻工作量，常常复杂的事情简单化处理，给国家和人民带来巨大的物质损失，甚至是血的代价。

1998年是改写新中国药品监督管理历史的一年。在这年3月，伴随机构改革，原国家医药管理局、卫生部药政司等合并组成副部级机构——国家药品监督管理局，原医药管理局局长郑某出任首任局长。郑某的渎职失职，在2001年到2003年的一项被他称为"浩大工程"的"统一换发药品批准文号"专项工作中暴露无遗。这个专项工作，涉及成千上万种药品，直接影响全体中国人用药安全。然而，"掌门"郑某让这项工作背离初衷，反而给造假者提供了一次机会，给用药安全带来极大的隐患。如此重大的全局性工作，郑某没有调查研究，没有听取有关部门和地方的意见，没有局部试点，没有上报党中央、国务院，甚至没有经过局党组和局务会议集体讨论。2001年4月10日，郑某违背重大事项请示报告制度和民主决策程序，自己大笔一挥，签发了一个文件，启动了换发批准文号的专项工作。由于换发文号工作量太大，难以在规定时间内完成，郑某又大笔一挥，签发了第二个文件，这个文件从实质上降低了药品（"地标升国标"）的审核标准。按照郑某签发的文件，医药企业在提供申报材料时可以提供复印件，由省级药监部门重点审核其原生产批件和原始档案，国家药监局仅对上报的资料进行形式审核，并对原始档案进行抽查核对。郑某的一句"形式审核"，让国家药监局的法定审核职责流于形式。郑某没有经过局里集体讨论决定，擅自同意注册司的请示，让审批底线被再次突破。专项工作进行了两年。其间，郑某在干什么？据专项小组工作人员回忆，郑某从未听取过专项小组的汇报，也未对专项小组进行过检查和指导。统一换发药品批准文号，本是提高人民用药安全的"民心工程"。因为郑某玩忽职守，变成了"带病"审批。①

上述案例中，虽然郑某行为并非是完全不务政事，但在事关全国人民生命健康的重大事情面前，他为了图一己之便，工作不负责任，草率行事，流于形式，这是典型的玩忽职守，他的所作所为更是将其懒政表现得淋漓尽致，而他也最终为自己的行为付出了惨重的代价。

懒政的另一种表现则是不作为或消极作为。公务员的职业一直被当做"铁饭碗"，甚至是"金饭碗"，因为其稳定性很强，福利待遇自不用说，最重要的是其工作环境与工作压力没有一般的私人部门那么大，可谓轻松愉悦，所以每年的公考大军们憋足了劲去挤独木桥。特别是当了领导以后，尤其是那种中下层领导更是舒服。在温水中待得太久，进取心尽失，于是太平官、懒官不断涌现。他们在工作中缺乏发展动力和进取意识，思想僵化，墨守成规，工作完全是被动应付，没有丝毫前瞻性，许多情况下甚至是敷衍了事。在这种状态下，工作时间成了休息时间，心血来潮想做什么就做什么，玩牌、打麻将、看电影、炒股等花样不断，可谓是尸位素餐。我们可以从最近几年全国各地的治懒风暴中窥见太平官们的各色嘴脸。且看以下三则案例。

案例一：温岭市的9名机关工作人员或在办公时间玩游戏、炒股，或在工作日午餐饮酒，受到严厉的处罚，其中3人因情节严重被辞退；苍南县共有45名官员因工作不力、服务不佳、作风不正或出工不勤而被责令离岗培训；长兴县25名公务员因有令不行、办事拖拉、吃拿卡要或态度蛮横等原因受到处分，其中5人被处以免职轮岗、通报批评处分。②

案例二：2006年5月29日上午11点，某区交管所稽查大队副大队长等6

---

① http://www.lyxmfda.gov.cn/view.asp?id=923.
② 新华每日电讯，2004年12月10日第001版。

名交通行政执法人员，聚集茶楼打麻将。当闻讯赶来的调查人员准备进入茶楼大厅实施进一步检查时，6名人员立即反锁雅间，将检查人员堵在门外，僵持了约10余分钟才打开房门。副大队长被撤职，并待岗检查，队员停职待岗检查；2名交管协助执法人员被辞退；对换休时间伙同交管所人员进入娱乐场所的区路政所职工停职待岗检查。①

案例三：2012年1月31日，有媒体报道，深圳市市场监管局龙岗分局南湾所于2012年1月30日（大年初八）在上班时间打麻将，深圳市市场监管局知悉后立即开展调查。经查，南湾所4名工作人员在该所五楼会议室内休息房打麻将，另有3名工作人员在旁围观，打麻将情况完全属实。目前，在节后上班期间带领多名员工打麻将的深圳市龙岗区南湾市场监管所所长已被免职，参与事件的其他7名工作人员正接受组织调查。②

上述三个案例中官员的行为在现实生活中可谓是司空见惯。大体来说，太平官的产生往往都是那些在官场上摸爬滚打多年，对官场运行规则了如指掌，看透了官场"玄机"的老官。虽有工作能力但不思进取；或者一些人由于背景、年龄、业绩问题而升迁无望，有意浑浑噩噩混日子；或者部分职能部门的官员自恃有权、财大气粗，在日常生活中习惯于不按常规出牌，视国家法纪于不顾。还有的官员，由于衣食无忧，退休后有保障，渐渐失去进取心，这些都比较常见。最近几年全国各地"奖勤罚懒"运动风生水起，此起彼伏，寄希望于从外在的强制性制度来规范官员行为，强化勤政意识。从效果来看，治懒风暴的效果还是比较好的。但是，让官员保持进取心，不能仅仅依靠运动式的治理方式，而应该是制度化、常态化的行为规范。

治理失职行为，第三是要治理昏政。昏政是指那些热衷于表面文章，大

---

① 成都日报2006年6月8日第A01版。
② 新华网http://www.sina.com.cn. 2012年2月3日。

张旗鼓务虚，花团锦簇走秀，不讲实效、不计后果，在政务工作中，滥、乱作为的昏官。昏政又分为两种现象，一种是滥政，另一种则是乱政。

与懒政受到指责和社会压力相比，滥政则要委屈得多。因为懒政是无所作为，混日子，滥政则是凡事都要亲力亲为，事无巨细，事必躬亲，甚至越俎代庖。滥政的当事人很多情况下是对眼前政事没有主次之分，眉毛胡子一把抓，把过多精力投入到不必要的事情上，而行政效果却甚微。滥政在唐宋八大家之一的柳河东笔下有一则鲜活寓言，说是有一种叫蝜蝂的虫子："行遇物，辄持取，昂其首负之。背愈重，虽困剧不止也。其背甚涩，物积因不散，卒踬仆不能起。人或怜之，为去其负。苟能行，又持取如故。又好上高，极其力不已。至坠地死。"①大意是说有种蝜蝂虫子在行走时遇到东西就捡起来，不停地往身上加东西，到最后爬高时摔死。仔细观察可以发现一些官员和这种虫子有过之而无不及。滥政的典型包括事必躬亲和越俎代庖两种。

事必躬亲。矛盾有主要矛盾和次要矛盾之分，领导干部做决策做行政必须坚持两点论和重点论的统一，这是再明显不过的道理了。然而，现实生活中，很多官员却难以做到如此，他们不论什么事一定要亲自去做，亲自过问，毫无中心大局观念，精力花费了不少，却是将宝贵的时间浪费在细枝末节上，将自己沉溺在无边无际的琐碎事务之中。在这种状态下，人倒是累得不轻，可谓口干舌燥、眼冒金星甚至四肢瘫软不能动弹，但是，大局的事情却搞得一塌糊涂，叫苦不迭。重要工作没做好，受到了批评乃至处分，于是乎信念动摇了，精神空虚了，意志消沉了，作风蜕变了，从此由滥政滑向懒政，无精打采地做起了太平官。

---

① 柳宗元：《蝜蝂传》。

一定意义上说，一个优秀的领导者必然能够处理好集权与分权的关系，做到垂拱而治，调动起下属的积极性，实现群策群力。事必躬亲作为滥政的典型表现形式，认清其本质在当下具有非常重要的意义。以官员评价科学指标为例，并非那些做什么事都冲在最前面的就一定是称职的，官员确实在一些事情上需要率先垂范，身先士卒，但是这需要区分事情的性质，优秀的领导者必须将精力用在最重要的事情上，而非大事小事全部包揽。与事必躬亲相比，越俎代庖做事的范围往往超出本职工作，也是一种滥政的最常见的表现形式。

管理学中讲究定岗定责，处于一定的岗位要肩负起一定的责任，越俎代庖则是超出自己业务范围去处理别人所管的事。越俎代庖出自《庄子·逍遥游》中的"庖人虽不治庖，尸祝不越樽俎而代之矣"，意指主祭的人跨过礼器去代替厨师办席。越俎代庖的另一种表述就是伸手过长，将不是自己职责范围内的事情也揽过来处理，这种状况在社会转型时期的政府生态中最为常见。在社会主义市场经济条件下，政府的主要职能是经济调节、市场监管、社会管理和公共服务，作为政府决策执行者的官员必须据此确定自己的权力阈限。然而，在社会转型时期，政府职能还没有理清和完善，不该管的事没有完全放开，该管的事没有认真管好，容易将自己的触角伸得过长，将公域与私域混杂在一块，将本该属于市场和社会管理的事务也紧抓不放，而且政府还集中了过多的公共资源和社会资源，权力部门化、利益化的问题比较突出。

三项国家发明专利、黑龙江原阿城市"立市项目"，这些戴在第四届中国经济十大创新人物李政俭头上的光环，如今已成明日黄花。作为专利发明人，他的生物技术防癌创新项目"普乐液"，经历10年波折后于2009年5月在哈尔滨市被迫停产；他创办的哈尔滨金都普乐实业有限公司挣扎在死亡线上。"普乐液"良好的应用效果和产业化市场前景引起各方争抢，争抢方包括哈尔滨市政府、原阿城市（现为哈尔滨市阿城区）政府以及国外一些企业。李政俭说，"在没有考虑烟草专卖体制的特殊性和国家产业化整体思路的情况下，原阿城市政府强行与我企业'恋爱'并'闪婚'。"李政俭向记者出示的原阿城市政府会议纪要等四份材料表明，原阿城市政府"同意从阿城糖厂厂区出让30万平方米土地用于工厂建设，并无偿使用其价值3000万元的公用工程设施"，并"同意划拨原和平小学校址1500平方米为普乐液大厦场址，同意划拨精炼分厂占地及有关设施"。此外，原阿城市还抽调原计委副主任刘某组建普乐工业园区基建指挥部，并指派其担任普乐公司总经理。李政俭说，他作为董事长在以后的决策中完全失去了自主权。普乐工业园建设从2000年4月开工，到2001年1月就花光了贷款。随后，园区建设被迫停工，刘某也打道回府。令李政俭感到意外的是，曾替企业决策的地方政府变了脸：把1900万元的还贷任务和一个烂摊子干干净净地推给了他。①

古典经济学家亚当·斯密推崇将政府限定为"守夜人"的角色，这对于上述案例具有很大的价值意义。正是因为政府的越俎代庖，将本该属于企业自决的事情包揽过去，但是政府本身又没有专业的知识背景，在处理微观事务时难以发挥优势，于是将好端端的一个企业整得半死不活，代价可谓高昂。放眼全球，新公共管理运动和新公共服务运动风生水起，各国政府都在积极推动政府创新，转变政府职能成为一种大趋势，即由全能型政府向有限型政府转变，改变政府包揽过多、伸手过长的情况，只管掌舵、不要划桨。因此加快推进政企分开、政资分开、政事分开、政府与市场中介组织分开，规范行政行为，加强行政执法部门建设，减少和规范行政审批，减少政府对微观经济运行的干预，这成为我国当前行政体制改革的重要内容。作为领导

---

① http://news.sina.com.cn/c/2009-10-19/112618859963.shtml.

干部更需要转变观念，应该将有限的精力用于自己的本职工作，不要越俎代庖，大包大揽。

昏政的第二种突出表现是乱政。乱政，在通常意义上指官员胡乱作为，甚至胡作非为，从而偏离自己的岗位要求和责任义务。乱政在行为上表现大致相似，但动机上各不相同，而且其能否意识到是胡作非为和胡乱作为也很难说。乱政存在的外因在于缺少真正的制衡约束机制，或者即使制定了相应的制度规范，但是在现实中却难以执行或留有余地的执行。在这种状况下，官员们出于实现自己的利益而无所顾忌，各种荒唐事和敢冒天下之大不韪之事也敢去做。在失职行为的几种表现中，乱政的"罪"最大，其"罚"亦应是最重。乱政常常与贪污腐化和违纪违法相联系，比较典型的有：

其一是目无法纪，胡乱作为。权力具有强制性，权力能够衍生出各种利益。作为拥有权力的官员，其能量相比一般人要大很多，这也在很大程度上导致他们将自己置于更为重要的地位，做起事来通常很难按惯例进行，对人对事难免目空一切，目无法纪，不把法律法规和公务员应遵守的制度放在眼里。且看几年前引起社会极大震撼的佘祥林案：

从妻子失踪，到突然被捕，随后被判死刑，再到戏剧性的枪下留人，改判有期徒刑15年，在获减刑后刑期还有4个月届满时，他被告知"无罪"；这11年，背负"杀妻"罪名，佘祥林家破、母亡、父亲精神几近失常，年幼的女儿辍学打工，全家的命运因此而永远改变。现在，他终于沉冤昭雪，因为妻子张在玉已经"死而复生"。张在玉是1994年1月20日失踪的。此前在1993年8月，她已表现出精神异常，用手卡6岁女儿的脖子，并猛打她头部，被佘祥林救下。佘祥林当天凌晨2时30分发现妻子失踪，当即四处寻找，次日发动佘张两家的亲戚朋友，到处张贴寻人启事，找遍了方圆数十里。4月11日，雁门口镇吕冲村在一个堰塘中发现了一具女尸，已高度腐烂且面目全非。尽管女尸的衣着与张在玉不符,但公安机关随即将两件事情联系在一起。当天晚上,佘祥林突然被京山县公安局刑警队带走,罪名是"涉嫌谋杀妻子张在玉"。从佘祥林提供给本报的申诉材料来看,在他被刑警队扣押后,审讯持续了10天11夜,一天只吃两顿饭,不让喝水,不让睡觉。当年10月13日,原荆州地区中级人民法院以口供为主要证据,一审判决佘祥林死刑。省高院询问京山县公安局承办该案的侦查员了解到,该"提取笔录"与事实不符,不能作为证据使用。在高院将此案发回重审后,一直延迟至1998年,京山县法院仍认定佘祥林有罪,最终判处其有期徒刑15年,剥夺政治权利5年。[①]

佘祥林案在当时引起了社会的极大反响,它反映出了某些地方公安机关目无法纪,以刑讯逼供来尽快结案的"乱政现象",尽管整个过程疑点重重,但是佘祥林还是遭到了冤枉,令人痛心。乱政的存在除了官员的主观因素之外,很大程度上缘于我国重实体轻程序的传统,也就是说必须规范行政程序来保障政府行为的规范化。行政程序是对各级行政机关履行职权的方式、步骤、顺序和时限的具体规定,行政行为必须以科学合理的程序进行规范和设计,规范权力运行程序,它能够防止权力滥用和权力腐败。这就要求公安机关必须按照相应的程序执行公务活动,严格工作程序,严密执法环节,严肃工作纪律,树立理性、平和的执法理念,带着对人民群众的深厚感情去执法,融法、理、情于一体。

其二,是官员习惯于摸脑袋、拍胸脯和拍屁股,热衷于"政绩工程"。很多官员上任之初就急于烧"三把火",急不可耐地"拔头筹",热衷于搞"立竿见影"、"显山露水"的大手笔,可谓心浮气躁、急功近利、急于求成。深究其原因可知,官员手中的权力能量是巨大的,然而官员要想得到这

---

① http://www.southcn.com/weekend/top/200504070009.htm.

种权力，必须争取相应的职位。但是职位是稀缺的，这就产生了矛盾，如何才能尽快获得较高的职位呢？这就需要使自己满足符合获得该职位的评价标准：德才兼备。古人说："才者，德之资也；德者，才之帅也。"但是，不可否认的是，"德"是个软性隐性的东西，难以量化出来，难以以实物示人，为了使自己符合高官的职位，只好转向另一方面了：才。然而，这里也有矛盾。谁都会说自己有才，关键的是怎么才能展示出自己的才能。卡尔·施米特曾指出："当今时代的一切领域均由极端二元论所支配……自然—技术科学的方法论在很大程度上支配着现代思维……现代居民如同一头怪兽，满脑子技术和工业概念；这些概念又被投射到宇宙论和形而上学领域……经济思维蕴含着绝对的事务性，仅仅关注实实在在的东西。"[①]这种自然—技术的宇宙论在形而上学领域的表现，就是凡事都寻求一种实用主义态度，事事追寻立竿见影的效果。既然要立竿见影，就必须弄出些看得见摸得着的东西，并且越大越好，越惹眼越好。于是乎花点子、虚套子、空口号成为热捧对象，政绩工程、形象工程立即上马。一些领导干部为了个人利益，不顾群众需要和当地实际，利用手中权力去走过场、摆花架子，搞些劳民伤财的形象工程。这些路边工程在官场生态中层出不穷。

原山东省委副书记、青岛市委书记杜某热衷于"政绩工程"，在青岛并不是什么秘密，大手笔也有不少，当地百姓耳熟能详的就有东西快速路、杭鞍快速路、滨海公路、跨海大桥、海底隧道、大炼油、丽东化工、造船厂等等。青岛海湾大桥在建设之初，专家大多主张建设海底隧道，因为它造价低，技术成熟，可全天候通行，不受天气、战争等因素影响。杜某当时力主建桥，因为桥更显眼，更能体现他的政绩。为此，青岛付出的代价是，在海

[①] 卡尔·施米特：《政治的概念》，刘宗坤等译，上海人民出版社2004年版，第53—58页。

里建大桥，不仅花费了近100亿元的建设成本，而且相应还需500亿元做维护成本。①

一般来说，官员们都有一种青史留名的从政理想，但怎么能真正留得住呢？很多人贪大求洋、铺张浪费，大都选择一些有标志性的实物，借此烘托自己的政绩。还有一部分就是低阶层官员拼命地搞些"官赏工程"，则源于"上有所好，下必甚焉"、"楚王好细腰，宫中多饿死"。其实，抛开官员在政绩工程中的动机是为公还是为私而论，官员们想做出一番事业，这是值得提倡的，因为"为政之要，贵在力行，重在履事"，否则就是毫无作为的庸官。但是，这个"为"的方式则是需要认真遴选的，要选择那些真正对人民群众有益处，对当地发展有促进作用的事业，否则人为拍脑袋去搞些"亮化工程"、"官赏工程"，无疑会惹民怒民怨，古人所言"名不可简而成也，誉不可巧而立也"，就是这个道理。从这个角度来说，各级领导干部要坚持全心全意为人民服务的根本宗旨，坚持党的群众路线，始终保持同人民群众的血肉联系，树立正确的政绩观，努力做出经得起实践考验，经得起历史检验和人民检验的实绩。

（二）失职行为的"罪与罚"

某种意义上说，失职就是失责，是享有一定权力的人对自身应负的责任和义务的一种不作为或消极作为的状态。为官者，居其位须谋其政，履其职，尽其责。在其位，享其禄，不谋其政，则是掌权者最大的堕落。责任感反映的是个人对待社会和他人的态度。要做人，首先就得承担责任，何况是

---

① http://news.21cn.com/domestic/shiyong/2009/02/26/5919803_1.shtml.

拥有一定权力的人。权力的真谛、法律的尊严、道德的力量首先是由责任来决定的。放弃责任就等于放弃权力，也就是放弃做人的资格。然而，玩忽职守、不负责任往往成为现实生活中习以为常的事。在中国封建社会宗法等级制度下，权力是分等级的，所谓"人分五等，官分七品"，一级管一级。掌权者的唯一使命就是上传下达，听上级的话，按上级的精神办，能做到这一点就是好官。下级出了问题，也就可以往上推卸责任，因为都是按上级精神办的。这样，中国的权力阶层很少有主动的责任心，即使有"忧国忧民"的责任意识，也会终因权力的宝座高于一切而使社会责任感抛之脑后。所以，在中国封建社会里，历史的命运似乎全押在皇帝一个人身上。今天，由于我们的政治体制还不够健全，玩忽职守现象在干部中也还不同程度地存在着。有的徒有虚名，实有其利，唯独不尽其责；有的消极怠工，不积极主动承担责任，互相推诿；有的职责不明，有其职，无其责；有的干脆没有责任，空挂一个官名，坐享其成。

失职行为，从狭义上理解属于渎职犯罪的范畴，如玩忽职守罪。早在我国的《秦律》中就有了对失职行为的处罚规定，《唐律》也专辟一篇《职制篇》来规定官员失职方面的犯罪。1910年由宣统皇帝颁布的《大清新刑律》第一次使用了"渎职罪"一词，并单设"渎职罪"一章，特别提出了不尽职责罪。可见，对造成重大社会损失的失职行为给予法律上的惩罚，已成为一种历史传统，并在依法治国的今天正不断得到强化。从词源上考察，"渎"作"烦渎"、"轻慢"、"不敬"解，"渎职"就是"不尽职"，我国刑法对渎职行为定罪的含义就源于此。渎职罪是指国家工作人员利用职务便利滥用职权或者不尽职责，妨害国家机关的正常活动，致使国家和人民利益遭受重大损失的行为，故又称职务上的犯罪或者服务上的犯罪。我国刑法中设有专门条款对渎职罪及处罚进行了规定，渎职犯罪主要表现为两个方面：一是掌有一定权力的国家工作人员，不依法行使法律和人民赋予的职权，而是借权谋私，徇私舞弊，滥用职权，侵犯国家和人民的利益，贪污、受贿、刑讯逼供、报复陷害均属此类；二是国家工作人员对自己应当履行的职责敷衍塞责、消极怠工、玩忽职守，最终酿成灾祸，致使国家和人民的利益受到重大损失。在我国，每年因公务人员玩忽职守而造成的经济损失和人员伤亡数字触目惊心。

据2007年1月16日新华网报道：广东省清远市人大常委会原副主任冯某、政协原副主席郑某涉嫌玩忽职守、滥用职权、贪污案近日先后一审宣判。两名被告人因为在多次对外投资及借款行为中严重不负责任，玩忽职守，造成国家财产损失共计港币9150万元、人民币888.5万元。

2008年2月29日人民法院报载：原宁波市交通局局长奚某在主持工作期间，在甬金高速公路宁波段工程项目引进外资和组织实施的相关决策中，置国家利益于不顾，严重不负责任，不正确履行职责，造成国家财产重大损失上亿元，其行为构成玩忽职守罪。

2010年2月9日北京晚报讯：在死亡达276人的山西溃坝案中，溃坝地区的派出所所长程某，因涉嫌犯玩忽职守罪在房山法院出庭受审。程某作为派出所筹备组负责人，未认真履行法定职责，放弃职守，下令派出所筹备组只留值班人员，没有向相关部门或领导反映过新塔矿地区的情况，也没有履行对新塔矿地区非法民爆物品的检查职责，导致新塔矿地区非法民爆物品监管失控，新塔矿业公司一直处于非法使用民爆物品进行违法生产的状态，矿产资源破坏严重。经山西省国土资源厅鉴定，非法开采造成矿产资源破坏总量为489276.07吨，矿产资源破坏总价值上亿元，并最终造成新塔矿尾矿库溃坝事件的发生。尾矿库溃坝事故淹没面积约35.9公顷，共造成276人死亡。

另据最高人民检察院统计数据披露："2006年至2010年6月,全国检察机关共立案查办各类渎职侵权犯罪案件3.8万件,涉及4.9万余人,这些案件共造成直接经济损失545亿余元,导致2.3万余人死亡、3200余人重伤。"

渎职侵权犯罪,不仅使国家公共财产和人民的利益遭受重大损失,而且还严重地损害党和政府的形象和威信,一定要受到国家法律的严惩。国家财产的严重浪费固然令人痛心,但更令人痛心的是我们某些领导干部无视国家财产和人民利益敷衍塞责、失职渎职的官僚主义作风。更令人愤慨的是事发后某些领导不以为耻,居然还若无其事、厚颜无耻地为自己的行为开脱罪责,更有甚者还将原因归结为自己的运气不好。最高人民检察院检察理论研究所向泽选博士指出:"反贪、反渎作为职务犯罪侦查的有机组成部分是紧密相连的。贪污受贿、权钱交易、权色交易往往是因,滥用职权、玩忽职守、徇私枉法通常是果。反贪指向的是廉政,反渎指向的则是勤政。"[1]事实上,廉政和勤政是紧密联系、相辅相成的。长期以来人们对官员的要求更多是廉政,认为只要不贪污受贿,在勤政方面有些缺失也能容忍,正是这种错误思想的影响,给我们的事业和群众的利益带来难以估量的损失。

古人云:"千丈之堤,以蝼蚁之穴溃;百尺之室,以突隙之烟焚。"[2]一个小小的蚂蚁洞,足可以使千里长堤溃决。百尺的高楼,也可能因为烟囱缝隙冒出的火星引起火灾而焚毁。这充分说明万事万物均起于忽微,量变会引起质变,小事不慎则将酿成大祸!而作为官员来说,既要讲廉政,也要讲勤政,这才是一名合格的官员。一定意义上说,如果官员能真正做到勤政,也能在一定程度上确保自己的廉政。甚至"勤政"应放在更加重要的位置,

---

[1] 转引自刘潇潇 2010年10月15日,检察日报。
[2] 《韩非子·喻老》。

因为官员们不廉政，往往就是从不勤政开始的。2012年恰逢邓小平南方谈话20周年，对此，2012年2月6日《人民日报》头版意味深长地指出：一个干部被推选到领导岗位上，即意味着个人的机遇，更预示着一种历史的责任。面对日益峻迫的"发展以后的问题"，面对"四大危险"与"四大考验"，我们党所承担的领导责任比历史上任何时期都更为繁重。这一代领导干部必须有更大的历史担当，考虑的不能只是眼前的平稳发展，更应是党和国家的长治久安。倘若只计个人得失，遇到矛盾绕着走，碰到问题不敢抓，面对风险不敢闯，不敢作为做庸官；倘若热衷于表面文章，大张旗鼓弄虚，花团锦簇作秀，不愿作为做昏官；倘若在其位不谋其政，上不能利党，下无以益民，无所作为做懒官；甚至弄公权以谋其私，贪赃枉法，胡乱作为做贪官，则不仅损害党和政府的形象，更会让人民丧失信心。①因此，我们理应在思想上认识到为官勤政的重要性、紧迫性和必要性，认识到庸官、懒官和昏官的危害性，为官绝不做庸官，也不做昏官和懒官；为官既要讲廉政，又要讲勤政，只有这样才算是一名合格的官员，才能赢得人民群众的支持和拥护。

问题在于，对于官场上那些庸官、懒官和昏官我们应该如何处置呢？这些官员们占着官位，却不干实事，不仅浪费了大量的社会资源，还败坏了社会风气，影响社会经济向前发展。庸官、懒官和昏官不治，政风就难以改进，改革就难以推行，政府就会失信于民，社会发展亦会停滞不前。对于庸官、懒官和昏官即使没有带来明显损失的不尽职行为，亦必须进行严惩。道德惩罚，便是方法之一。道德惩罚是从消极方面通过社会舆论或传统习惯的方式对当官者的失职行为给予道义谴责，从而启发其良知，加强其事业心和责任感，消除那些占着官位不干活、只行使权力不履行责任义务、"干好干

---

① 《领导干部要有历史担当》，《人民日报》2012年2月6日。

坏一个样"、"做一天和尚撞一天钟"的官场恶习。必要时，还应依据国家公务员法的相关规定，将这些蠹虫和懒虫们驱除出国家公务员队伍，从而达到纯洁队伍、以儆效尤的目的。

二、积习文化与制度乏善：失职行为的道德归因

"乐民之乐者，民亦乐其乐；忧民之忧者，民亦忧其忧。"人心向背，是决定一个政权盛衰的根本因素。马克思主义政党的理论路线和方针政策以及全部工作，只有顺民意、谋民利、得民心，才能得到人民群众的支持和拥护，才能永远立于不败之地。如何才能得到人民群众的支持和拥护，官员们司其职负其责是必然要求，失职行为则有损这种关系。透过失职行为的罪与罚，我们可以发现其中的种种丑态。然而揭示现象并非主要任务，重要的是要透过现象总结出何种道德影响是失职行为的原因所在。我们认为，失职行为的道德归因主要有历史积习的影响，行政文化的错位以及外在制度的乏善。

（一）历史积习的影响

受历史积习文化的影响，官本位思想根深蒂固。政治文化可以被定义为：公民对自己国家的政治体系所采取的基本价值、信仰、观念、态度和取向。[1]一国的政治文化相对稳定，虽然也在发展变化，但这种过程是极为缓慢的，它瞄准的是核心价值，而非那些稍纵即逝的观念、态度，更非是当前

---

[1] 霍华德·威亚尔达：《比较政治学导论：概念与过程》，娄亚译。北京大学出版社2005年版，第70页。

的舆论热点。政治文化的发展是一个相对独立的过程，它是一个独立的变量，与经济的关系应是一种自变量与自变量的关系，而非因变量与自变量的关系。行政文化作为政治文化的一个子类，也具有这种特质。我国有着两千多年封建社会的历史，真正经历现代化不足百年。即使有了现代化因子的影响，由于它并不是现代化因子的因变量，因而在现代社会思潮中，历史因袭仍在起巨大作用。当前，既有古代先贤治国理政方面的真知灼见，也有封建遗毒，封建历史的因袭还在部分影响着人们的思维和生活。官本位思想在我国封建时代占据主导地位，现在还对社会有着深刻影响，因为它是存来已久的行政传统。"行政传统是指在行政活动中历史沿袭下来的道德、观念、习惯、规则等。它是特定行政体系在行政活动中积累而成的稳定规范，体现在行政人员的思维方式、行为方式等方面"①。我们知道，历史上我国一直存在着两种对立的政治哲学态度：人治与法治。"儒家有'人存政举，人亡政息'之说，希望有圣君贤相出而德化万民，治理国家；法家有'任法不任人'之说，强调'王子犯法与庶民同罪'。"②实际上，在我国几千年的历史中，主要是人治在起作用，人们的法治意识比较淡漠。在法治缺失的情况下，更凸显了官本位的作用。在官本位的召唤下，官员们不择手段地往上爬，甚至闹出了很多笑话。且看以下案例：

一位贪官曾在媒体刊登文章《深情说用权》："100（政绩）-1（腐败）=0（功劳），一个人干得再好，廉政出了问题，所有功劳都没有了。"如今，他"发明"的这个"数学公式"早已成了人们的谈资笑料。然而在他自己的腐败案中，却真的存在着一个令人困惑的"数学问题"：福建省厦门市

---

① 石霞：《建设良性行政文化在构建和谐社会中的地位和作用》，《西安电子科技大学学报》2007年第11期。
② 孙哲：《权威政治》，复旦大学出版社2004年版，第404页。

中级人民法院对最高人民法院指定管辖的被告人、江苏省交通厅原厅长章某受贿、行贿一案作出一审判决，以受贿罪、行贿罪判处章某有期徒刑20年，并处没收个人财产人民币40万元。2000年8月至2004年，章某利用职务便利，先后接受4家单位和11人的请托，23次非法收受他们贿送的财物合计人民币118万余元。与此同时，章某还为解决其个人职务、职级问题，于2004年1月13日晚，到中共江苏省委原常委、组织部原部长徐某（已被判死缓）的家中，送给徐人民币200万元。行贿"投资"200万元，而受贿所得只有118万元。抛开章某另有40万元被没收的"个人财产"不算，尚有82万元的巨额"赤字"。①

能否始终保持党同人民群众的血肉联系，是对党的执政能力和执政地位最根本的考验，得民心者得天下，失民心者失天下，这是为人类社会发展所反复证明了的真理。官本位思想下的失职行为无疑会导致脱离人民群众情形的出现。上述案例中，章的行为可以说是官本位思想的鲜明写照，一方面为了自己的官位而向上级"进贡"，另一方面又收受下级的"贡品"，可笑的是，到最后搞的自己"入不敷出"而锒铛入狱。在官本位思想指导下，官员一直以高高在上的姿态呈现，有的甚至视民如草芥，把自己的本职工作当做权力来操弄。这种情况下，责任心尽无，失职行为发生再正常不过了。

中庸负面思想的指引。"中庸"是儒家的重要思想，主张待人接物要不偏不倚，奉行调和折中的原则。中庸的主张本是相当聪明的想法，它反对过犹不及。由于我国有着两千多年的封建社会历史，这几千年的政治一直是一种家国同构的伦理政治，因而主体性的发展步履维艰。"在整个中国思想史上，所有传统的态度总是不承认个体的独立性，总是把个体认作'依存

---

① http://oa.ahxf.gov.cn/village/Content.asp?WebID=22325&Class_ID=153551&id=444985.

者'"①。这种个体处于依存者地位的状况可视为人的前主体性阶段。而在人的主体性阶段,"人摆脱了对他人的依赖,成为独立的主体,这时他作为主体在同客体的关系中所具有的性质就是主体性。主体性表现为人的自主性、主动性、能动性乃至创造性的特征"②。所以,此种意义上,主体在同客体发生关系时怎样保全人的自主性、能动性乃至创造性,是维护人的主体性的关键。人的主体性遭到阉割,使得中庸思想在官场上被极端异化了,于是在我国历史上出现了许多官场不倒翁以及一大批处事圆滑、充当老好人的官员。且看以下案例:

身历咸同光三朝的王文韶曾做过很多高官,可谓官运极佳。他做官的诀窍就是遇事圆滑模棱,明于趋避。王文韶圆滑的一个具体表现,是遇到重要问题需要表态时,推三阻四,装聋作哑,多磕头,少说话。一日,二大臣争一事相持不下,西太后问他意下如何,他笑了笑。西太后再三追问,他仍笑。西太后说:"你怕得罪人?真是个琉璃蛋!"王仍笑如前。③

为了在官场上游刃有余,许多官员以"事不关己,高高挂起"和"明哲保身"为最高宗旨,他们不按原则办事,该严查严办的睁一只眼闭一只眼,该鞠躬尽瘁死而后已的马马虎虎摆平,将人民赋予的神圣使命忘得一干二净,将自己肩负的职责全部抛之脑后,失职行为的发生自然成为了常态。导致这种现象出现的原因,有学者指出是因为受到了市场经济的消极影响。市场经济是一种自由经济,利润至上,人们竭尽所能去获取物质财富,获取利益。利益不会撒谎。利益是人类社会生活的永恒主题,大凡有人类触角伸入的领域,利益便会以不同面目呈现,指导人们以理性的思维做出相应的行

---

① 张东荪:《理性与民主》,《梁漱溟全集》,山东人民出版社1990年版,第91页。
② 郭湛:《从主体性到公共性——当代中国马克思主义哲学的走向》,《中国社会科学》2008年第四期。
③ http://news.21cn.com/domestic/shiyong/2009/02/26/5919803_1.shtml。

为，争取自身利益最大化。利益是自我存在的一种确证，是评判自身社会价值和个人价值的一种标杆。考夫曼认为，"所有权是一种行为，是人的自我实现。人指不出任何事物是自己的，就不可能是完整意义的人"①。每个人从出生向社会人转化的过程中，总是通过有所作为来向他人和社会证明自身的存在价值，表明自己的能力，证明自己生活的重大意义，以此来表现和确证自己的本质力量与本质属性，这一过程中必然要不断实现物质利益以维持生存和发展，满足精神需求来实现自我的内在价值。因而可以说"物质利益和精神需求之满足状况是确证人成为其人，确证人的生命价值的重要指标"②。正是利益在作为实现自我的一种方式与表现自我价值的手段之间不断转换才推动人个体的发展与整个社会的进步。其实，单纯的追寻利益、追求物质财富去过上幸福生活并未有过错，但是，市场经济中的利润至上使得人们将本不应由物质手段去衡量的东西物质化了，进而扭曲了社会关系和生活意义。

安徽省宣城市原市委副书记杨某（副厅级）涉嫌受贿案，在巢湖市中院开庭。杨某不仅利用职务之便，非法收受、索取巨额贿赂，还同时包养了7个情妇。为了防止情妇们争风吃醋，他运用进修时学来的MBA管理知识，让"首席情妇"邹某用分类法统领其他6个情妇，依次排列为二号张某，三号李某，四号黄某，五号林某，六号陈某，七号刘某。据其分析，二号至六号情妇的性格特点大抵可以分为四种类型：爱钱型、爱帅哥型、爱权力型、爱吃醋型。杨某人尽其才，分别安排她们做合适的事情，如有的主攻上级领导圈子，有的经营公司，共享利益……为了便于管理，邹某为杨某配备了六个手机号，分配给不同的情妇。在她的科学调度下，杨某和情妇们彼此满意，相安无事……最终因一度失宠，"首席情妇"邹某反戈一击，举报杨某所作所

---

① 考夫曼：《法律哲学》，刘幸义等译，法律出版社2004年版，第266页。
② 杨素云：《关于利益调整的法伦理学思考》，《学海》2008年第6期。

为。2005年9月7日，杨某被依法逮捕。① 事实说明，国家花费巨资让一些干部去进修，他们到底学到了什么，有没有把学到的知识用到为人民服务的事业上？MBA与贪官情色的"嫁接"证明了一个道理：再高明的管理水平也不能解决本质腐败的任何问题。

情境主义认为，人们生活的环境会对人们的生活状态和精神观念产生重要影响。市场经济的这种影响由于直抵人的本能，更能强化这种影响。个体的人具有自然属性和社会属性，官员在扮演人民公仆的同时还是一个有血有肉的人，有自己的欲望和诉求。在市场经济中，官员的地位受到有产者阶层的"财富挑战"，亟待重塑权威与恢复影响。按照戴维·伊斯顿的理解，公共政策的本质是国家对整个社会的价值作出有权威性的分配，所谓的社会价值指的就是各种利益，公共政策本质上就是一种利益梳理机制，利益调节是其基础与目标指向。于是，出于个人利益的考虑，官员们便将自己能够施加影响的公共政策制定、执行过程人为地增添一些私人利益考量，这样一来公共政策很大程度上就异化为获取私人利益的工具，失职行为难以避免。案例中杨的行为无疑是市场经济负面作用的产物。

（二）行政文化的错位

行政文化是政府官员行为处事的灵魂，它指导着官员的行为，为其规定相应的准则和标准。行政文化规训着官员的责权利意识，有何种行政文化就有何种行政行为，优良的行政文化能够促使官员勤政廉洁、严于律己、办事公道、为人正派，想民之所想，忧民之所忧；低劣的行政文化则将官员带

---

① http://oa.ahxf.gov.cn/village/Content.asp?WebID=22325&Class_ID=153551&id=444985.

入迷途，以权谋私、损公肥私、贪污腐败、贪赃枉法成为行为表现。行政文化内涵丰富，具体组成更是丰富多样，分为行政理想、行政道德、行政价值观、行政信仰、行政意识、行政态度、行政动机、行政情感等。无论是哪个行政文化因子出现错位都会导致失职行为的产生。

行政理想错位。行政理想是行政人员对行政组织的发展和行政活动所要达到的较高期望的理想，包括行政组织的长远目标、行政活动的规范状态、行政组织在社会中的意义及对功能等方面的追求。[1]行政理想是凝聚行政人员的目标价值，使官员们为其任劳任怨、埋头苦干、顽强拼搏，为其锐意创新、善于突破，为其团结协作、共同进退。行政理想出现错位则官员处于茫然状态，然后理念宗旨意识全部抛在脑后，整日无所事事，甚至庸俗低俗。

谢某在任文昌市委书记期间，利用职权，在工程审批、资金安排以及干部提拔使用等方面为他人谋取利益，大肆收受或索取贿赂。调查期间，省纪委查获谢某转移藏匿的现金人民币1791.63万元，港币627.2万元，美元16.56万元，新加坡币1.5万元。共计折合人民币2500余万元，另有金银首饰等物品17件。2008年4月21日，省委常委会议决定给予谢某开除党籍、开除公职处分。由于谢某涉及犯罪，省纪委将该案转送司法机关。谢某被双规后的忏悔：到文昌后我大权独揽，以党代政，一人说了算，私欲无限膨胀，把党的宗旨、人民的公仆丢到脑后，工作之余，思想大多进入了敛收钱财的海洋，一个一个地收，一万一万地攒，终于使自己从一个正厅级党员领导干部，沦落为一名腐败分子，是"贪欲"让我走上了犯罪的道路！[2]

行政理想能够为行政组织赋予追寻的使命，在这种使命指引下，行政人员将其视为自己肩负的职责所在，然后以此作为自己努力奋斗的方向。在这

---

[1] 刘云峰：《建设和谐社会的行政文化对策研究》，《天津大学学报》2007年第8期。
[2] http://www.hinews.cn/news/system/2008/06/04/010243130.shtml。

个过程中，通过行政人员的作为成就了行政组织的目标，从而使得行政组织能够有序、有效运转，为自己的合法性进行了自我确证。案例中，谢行政理想全无，将党的宗旨和自己的公仆责任全部丢弃，将行政组织的目标和行政组织的社会功能置于脑后，最终坠入腐败敛财的深渊。

行政道德错位。"行政道德是行政人员在行政活动中应遵循的调节管理主体与客体，以及管理主体之间关系的道德准则和规范"[1]。行政道德是官员处理政务时诚信于民的内在理念和外在行为，它是行政过程中官员的道德准则。

大贪官胡长清常在主席台上作报告，要求大家清正廉洁，牢记为人民服务的宗旨，多为群众办实事。直到其受审前的1999年8月6日，他还身着一身浅色西装，系着红色领带，以江西省副省长的身份主持了昆明"世博会"江西馆开馆仪式。当天晚上，在《新闻联播》的世博会专题里，胡长清气定神闲，在镜头面前侃侃而谈。本来胡长清的书法有几分功底，经过他在许多公开场合吹嘘"自己为全国书法家协会会员"，胡会写字的名声顿时传遍了全省。到后来，找胡题字写匾的人络绎不绝，以至于南昌街头到处都是"胡氏书法"。胡也曾恬不知耻地对那帮"朋友"们说："别看我现在拿了你一些钱，等我以后官当大了，随便帮帮你，你就可以成为千万富翁。"[2]

行政道德使得行政活动按照整个社会正常演进的次序和在此种次序中应遵循的规范而正常进行，行政道德是行政人员心目中的价值杠杆，是规范自己行政活动的风向标。良好的行政道德能够促进行政活动主体与行政客体之间的良性互动，促使双方在交互作用中达成各自的价值追求。反

---

[1] 石霞：《建设良性行政文化在构建和谐社会中的地位和作用》，《西安电子科技大学学报》2007第10期。
[2] http://news.21cn.com/domestic/shiyong/2009/02/26/5919803_1.shtml.

之，行政道德的错位会导致官员在行政行为中不按行政人员的官德标准去行事，而是随意行事、任意干事，甚至会出现只有行政相对方为其提供相应的好处才办事的情况，将自己的义务本位置换为权力本位，以手中的权力捞取物质利益。

行政信仰错位。行政信仰是行政人员对行政组织和行政活动的信念，是行政人员的信仰。一定意义上可以说，行政信仰是行政组织与行政人员的生命，它能够促使组织管理活动高效进行，使其无论处于何种困难境地都能够按照内心的召唤尽职尽责，无论处于何种职位都能够出于公心公意为民服务。行政信仰能够激发行政人员的生命热情而全身心投入工作，真正内化为自我一部分的行政信仰能够使行政人员像珍视自己的生命一样去认真对待。相反，若官员们没有了行政信仰，那么他所有的理想信念都会化为乌有，意志大厦也会在瞬间崩塌，或者行尸走肉，或者尸位素餐。

李某于1995年—2000年间，多次利用职务之便，侵吞下属企业的公款共26.9万余元，李某有人民币92万余元不能说清合法来源。2000年6月，李某驾车到原琼山市府城区中山路某偏僻处，在车内与某美容店一名未满14周岁的暗娼发生性关系。李某生活极为堕落，曾与100多名女性发生不正当性关系。侦查机关在其住处缴获其淫乱的录像、照片、记录本等，下流至极，不堪入目。2002年，海口中院以贪污罪判处其有期徒刑10年，剥夺政治权利3年；以巨额财产来源不明罪判处其有期徒刑3年；以嫖宿幼女罪判处其有期徒刑10年，剥夺政治权利3年。数罪并罚，决定执行有期徒刑20年，剥夺政治权利5年。①

人是为信仰而活，行政人员也不例外。有什么样的行政信仰就有什么样

---

① http://www.hinews.cn/news/system/2008/06/04/010243130.shtml.

的行政行为，行政信仰是行政人员行为处事的立基点，它指导着行政人员为与不为的方向及为之时的努力程度。案例中李的行政信仰可谓丧失殆尽，行为处事全然从身体本能出发，以身体游戏替代本应肩负的职责和使命。

行政意识错位。与其他行政文化因素相比，行政意识比较隐晦，很大程度上是一种自我意识。行政意识是多种反映形式的总和，包括感觉、知觉、表象等感性的反映形式和概念、判断、推理等理性的反映形式。①行政意识是一种身份暗示器，它能够时刻提醒行政人员自己的身份特征，时刻提醒官员自己的公仆意识，时刻警醒官员自己的任务使命，促使其按照角色意识认真履事。且看以下案例：

沧州市审计局派出审计组，对盐山县县城电网建设与改造工程竣工决算进行审计。在连续接受盐山县电力局的宴请后，参加该项目审计工作的盐山县审计局审计员张某猝死酒店门前。第二天，审讯组其他成员和电力局领导依旧按计划赴扬州游玩。事件披露后，在全国产生强烈反响。国家审计署专门派出调查组，赶赴盐山调查此事。依据有关规定，沧州市人民政府、中共沧州市纪委、沧州市监察局、沧州市供电公司研究决定，给予沧州市审计局副局长朱某党内严重警告、行政记大过处分；给予盐山县审计局局长工某党内严重警告、行政撤职处分；给予盐山县审计局副局长刘某党内严重警告、行政降级处分；给予黄骅市审计局基建科科长藤某党内严重警告、行政撤职处分；给予盐山县供电公司经理张某党内严重警告、行政降级处分。依照党风廉政建设责任制规定，给予沧州市审计局局长田某通报批评。②

行政意识是官员角色意识的直接推动力，只有具备了相应的行政意识

---

① 许辉：《论当代中国行政文化创新》，《华中师范大学学报》2006年第5期。
② http://oa.ahxf.gov.cn/village/Content.asp?WebID=22325&Class_ID=153551&id=444985。

并且该意识被强化到使行政人员能够体认，才能真正指引行政人员按照相应的角色处理事务。行政意识是后天强化的结果，本身并非官员们所具备，必须经过相应的教化与内化才能达成。案例中官员们的行政意识很明显是非常弱的，将自己应有的角色意识忘得一干二净，角色错位导致了失职行为的发生。

行政动机错位。行政动机是行政人员的兴趣、愿望、理解等，它直接引起行政行为，有积极动机和消极动机之分。毋庸讳言，消极的行政动机是引发失职行为的诱因。郴州市纪委书记曾某被"双规"后，满城百姓上街游行，通宵燃放鞭炮以示庆祝。作为纪委书记，曾某在郴州横行无忌，他善于利用自己对官员们的监察权力来攫取更多权力而谋私。如果谁不顺他的意，就很可能会被他找个借口"双规"起来；如果哪个官员手中有其垂涎的资源又不愿交出，同样有"双规"之虞。[①]曾的行政动机明显不纯，将手中的监察权力变为以权谋私的工具，这样一来，失职行为乃至贪污腐败成为必然。

行政价值观错位。行政价值观是行政精神文化的核心，"由行政主体的价值取向、思想观点、行为定势、情感态度等要素构成，其实质是行政主体需要和利益的内在化"[②]。行政价值观错位会使官员偏离正确的行政航向，最终迷失自我。

玩权、玩钱、玩女人样样精通，于国、于家、于人民处处背离。53岁的郴州市副市长雷某东窗事发后，在一封"忏悔"信中说："人家背后议论我是'玩权、玩钱、玩女人'的'三玩'干部，我认为名副其实。"在双规期间，雷某写下了近万言的《我的沉痛的反思》，招供了与"贵妃"们风花雪

---

① http://oa.ahxf.gov.cn/village/Content.asp?WebID=22325&Class_ID=153551&id=444985.
② 彭国甫：《论行政文化结构》，《湘潭大学学报》1995年第5期。

月的故事。长沙市中级法院一审以受贿罪、挪用公款罪、贪污罪判处雷某死刑,缓期二年执行,剥夺政治权利终身,并处没收个人全部财产;追缴犯罪所得,上缴国库。①

行政价值观是行政人员行为的最直接指引,为行政行为赋予自己的含义。优良的行政价值观能够摆正行政人员的人生航向,包括公务活动和私人领域,扭曲的行政价值观无疑会起到反作用。雷的行政价值观可以看到严重扭曲,由本来的权为民所用、情为民所系、利为民所谋蜕变为玩权、玩钱、玩女人。

(三) 社会制度的乏善

"制度好可以使坏人无法任意横行,制度不好可以使好人无法充分做好事,甚至会走向反面"②。制度的重要性在现代社会不言而喻。制度的主要功能有:一是减少交易成本,增强交往预期,加大可协调性;二是界定产权并保护之。制度分为内在制度和外在制度。内在制度是从人类经验中演化出来的,包括既有习惯、伦理规范、良好礼貌和商业习俗等;外在制度是被自上而下地强加和执行的,它由一批代理人设立和确立。③在小范围内,人们彼此间熟悉,内在制度运行较为有效;在较大共同体内,由于信息不对称致使道德风险和逆向选择存在着发生的可能性,内在制度往往会失去效力,外在制度则是更优选择,因此,内在制度的自律作用不能替代外在制度的他律作用。任何制度都要立基于一定的伦理观念之上,体现出合道德性。约翰·罗

---

① http://oa.ahxf.gov.cn/village/Content.asp?WebID=22325&Class_ID=153551&id=444985.
② 《邓小平文选》第二卷,人民出版社1994年第2版,第333页。
③ 柯武刚、史漫飞:《制度经济学》,韩朝华译,商务印书馆2000年版,第36-37页。

尔斯认为，"正义是社会制度的首要价值"。①制度正义又称制度善，分为内容的善和形式的善。形式的善向来是人们关注的焦点，因为它关乎制度的合法性，涉及人们的认同感。一个"善"的制度在形式上必须保证制度均衡的存在。制度均衡包括两层含义：其一，制度产生的净值为正值；其二，在制度箱中，所选用的必须是最优制度即净收益最大的制度。如果以此衡量行政管理制度，很明显可以得出，由于行政管理制度产生的净值并非为正值，加剧了官员行政失职行为的发生。"一个人的职责和义务预先假定了一种对制度的道德观，因此，对个人的要求能够提出之前，必须确定正义制度的道德观。这就是说，在大多数情况下，有关职责和义务的原则应当在对于社会基本结构的原则确定之后再确定"②。也就是说制度本身乏善，存在缺陷会使行政人员失职行为成为常态。总体而言，行政管理制度的"乏善"主要表现在行政目标过高、监督机制缺失、考核机制欠妥、考核机制缺位。

行政目标错位。我国是人民民主专政的社会主义国家，全心全意为人民服务是各级政府和所有官员的宗旨，要始终把尊重人民群众的意愿作为各项工作的出发点和落脚点，把人民群众高兴不高兴、满意不满意、答应不答应作为检验各项工作的标准。这是政府和官员们的职责所在，偏离此目标，即使下再大的力气也只能是缘木求鱼甚至还会酿成大祸，因为以制度政策的形式确立的行政目标具有强制性，方向不对，用力越大，危害就越大。

2003年7月，嘉禾启动占地189亩的珠泉商贸城项目。8月7日，嘉禾县委、县政府办联合下发"嘉办字[2003]136号文"（下称"136号文"），要求全县党政机关和企事业单位工作人员，做好珠泉商贸城拆迁对象中自己亲属的"四包"工作。所谓"四包"是指，包在规定期限内完成拆迁补偿评估

---

① 约翰·罗尔斯：《正义论》，何怀宏等译，中国社会科学出版社1998年版，第56页。
② 罗尔斯：《正义论》，中国社会科学出版社1988年版，第105页。

工作、签订好补偿协议、腾房并交付各种证件、包协助做好妥善安置工作，不无理取闹、寻衅滋事，不参与集体上访和联名告状。136号文规定，不能认真落实"四包"责任者，将实行"两停"处理——暂停原单位工作、停发工资。原来，2002年9月13日，原国内贸易局商业网点建设开发中心向嘉禾县政府下发"商网字[2002]05号"公函，将珠泉商贸城列为全国50个商业网点示范项目之一。该项目选址县城核心地段人民路、中华路，将占4000多平方米的原珠泉农贸市场扩大一倍，新增步行街、以珠泉亭为中心的广场、中华日用百货市场等，累计投资1.5亿元。2003年元月，此项目在嘉禾县第十四届人大第一次会议通过，此后获郴州市政府批准成为全市重点工程。[①]

"嘉禾拆迁"其实并非个案。嘉禾强拆背后是工程建设，其实发展经济，追求政绩本没有什么错误，但是这只是手段，无论手段多么重要，它也不能取代政府目标：把实现好、维护好、发展好最广大人民根本利益作为一切工作的出发点和落脚点。违背了这一点，就会导致行政目标的错误，最终会导致政府公信力受损，影响党群干群关系。

监督机制缺失。阿克顿勋爵在《自由与权力》一书中写道："权力使人腐败，绝对的权力绝对使人腐败。"所谓"绝对的权力"是指不受约束没有限制的权力。那么它为何会绝对使人腐败呢？我们知道，权力出于具有扩张性，只要它能渗透的地方就会无孔不入，并且权力极具衍生性，它能够衍生出利益，衍生出交错相杂的关系网。借助这种衍生物，它会一直扩张到无法前进的地方。在这个过程中，它所向披靡无坚不摧，为了寻求更大的利益，它以腐败的形式进行寻租。所以，可以看出，只有外在相制衡的权力才能迫使其遵循相应的规范，没有监督的权力最容易滋生腐败。

---

① http://www.qianlong.com/2955/2004/12/15/183@2424582.htm.

甘肃宕昌县原县委书记王某受贿和巨额财产来源不明一案，近日一审做出判决，王某以1500万元的犯罪额，换取了死缓的结果。按照常理，这只是一个普通的贪腐案件，无论是受贿额，还是犯罪者的职级，都很难进入贪腐百强的行列。然而，如果将其放到一个偏远而贫穷的全国贫困县，其犯罪金额的比较学意义立即凸显，其受到媒体的关注就不足为奇了。根据2005年《中国经济周刊》登载的《贫困县为何扶贫20年依然贫》一文，说宕昌是"全国最穷县"之一，一点都不过分。因此，放在这样一个经济基本面下，再来分析王某受贿1500万元，就会显得特别突兀和扎眼：该县2010年城镇居民可支配收入12000多元，农民年纯收入刚过3000元，王某的1500万元，相当于该县一个城镇居民1300多年的收入，一个农民5000年的纯收入！如果复原王某的受贿路线图，和诸多的失去监控的"一把手"比并没有多少离奇之处，权力失去制约，贪腐只是一个迟早的问题。王某从2006年11月到宕昌任职伊始，就几乎垄断了宕昌县域的政治、经济、人事、资源、纪检、司法、财政的所有大权。特别讽刺的是，办案人员甚至发现，王某在任甘肃省宕昌县委书记的三年多时间里，随着权力越来越大，受贿金额也呈现逐年的递增：2007年受贿42.2万元，2008年受贿125万元，2009年受贿724万元，2010年1月至3月受贿476万元。至此，他在1212天内共敛财1556.8万元，平均每天受贿超过1万元，真所谓日进斗金。在贪腐问题上，实现了一个又一个飞跃。而在王某一步步迈向深渊的背后，却是权力制约的真空，让其从心理上完成了从"侥幸"到"放心大胆"创收的嬗变！①

古语说："皇权不下县。"县级区域在我国历朝历代一直以独立小王国的形式呈现，知县们是隐性的小皇帝，能够对辖域内事务独断专行。从案

---

① http://news.eastday.com/c/20110503/u1a5870051.html.

例中可以看出，王将这种权力演绎得惟妙惟肖。在县城里他垄断了各方面的大权，在缺乏外在制约与监督机制的情况下，恣意妄为，心日恣肆，在国家级贫困县里硬是"赚的"盆满钵满，留下一个伤痕累累、寒风劲袭的伤心之地。我们知道，"一个社会仅仅有监督者是不够的，问题是谁来监督监督者。答案是我们必须彼此监督。也就是说，在一个健康的社会里每个人的行为都必须是均衡的"①。所以加快建立健全决策、执行、监督相对分离、相互制约的行政运行机制是根本之计。

考核机制欠妥。目标制定得再科学，如果缺乏科学的考核机制，难免在执行中走样，如何严格考核，是另一种值得研究的"约束之道"。考核机制需要设定相应的标准，越细化越能够认真比照。然而，存在一种通病是一刀切，甚至一票否决，这样的考核往往会使本来有益于群众的事情变味。各级政府经常使用一票否决制，值得称道的是，它表明事情的严肃性和重要性，但是如果我们深究起来就会发现，一票否决其实是懒政思维，它根本没有照顾到每个地方的实际情况，用统一的标准去衡量，结果使得没有条件的地方千方百计地往废铜烂铁上镀金，外表光鲜了，里面还是废铜烂铁，极大浪费了资源。且看以下案例：

陕西省千阳县日前下发了《关于进一步强化全县招商引资责任和奖惩的通知》，提出了新的招商引资奖惩办法和考核细则。办法规定，对县里下达的招商引资任务没有完成的单位，在年度考核时实行"一票否决"，并作出以下惩罚措施：一是除下拨正常工资、经费外，其他经费报告一律不批；二是该单位所有副科级以上干部当年不评优，不作晋级；三是责令单位责任人离岗招商；四是冻结该单位干部使用。浙江庆元县委、县政府颁布的《庆元县国家级生态

---

① 肯·宾默尔：《博弈论与社会契约》，上海财经大学出版社2003年版，第46页。

县创建督查考核办法》规定，凡在国家级生态县创建过程中，因监管不力，发生重大生态环境破坏事故或群体事件的；因工作不力，导致国家级、省级生态乡镇申报、核查、复查不合格的；因未完成对接指标年度任务，严重影响国家级生态县创建目标任务实现的，都将实行"一票否决"。①

仅举两个简单的例子，我们就能了解一票否决都是针对什么任务的。不难发现，被一刀切的都是些难事、重要的事情、棘手的事情。试想，如此重要的难事、棘手的事情，仅凭外在的强制就能化解吗？这些事情其实就是大禹治的"水"，不能用他父亲鲧"堵"的方法，而应是"疏"的方法，不能将矛盾从外在方面抑制住，而是应从内部化解，不是回避而应是积极面对。唯有如此，才是长久之计、合理之策、科学之法。考核机制的欠妥还表现在唯指标论英雄的机械主义干部考核观。在人附属于物的时期，全部衡量标准在于经济增长中心主义，然而"单纯追求经济增长，忽视人的全面发展，使人生价值的全部意义淹没于对物的片面追求之中……导致人的自我异化，成为单向度的人，从而阻碍了人的全面发展"②。人的这种异化迫使人们重新审视经济发展与人自身的关系，于是就有了以人为中心的社会发展理论，该理论"强调没有人的发展就没有整个社会的发展，满足人的需要和发展人的各项权利应该成为社会经济发展的实质"③。现在全国各地正在推行的绿色GDP考核方式，正是这种转变的体现。

问责制度错位。"在我国，传统的权力本位意识根深蒂固，而责任本位的现代行政理念尚未确立，因而长期以来中国的官场没有'问责'的习惯，中国的官员没有'问责'的心理准备，中国的社会没有'问责'的氛围，中

---

① http://www.chinadaily.com.cn/dfpd/guangdong/2011-09-26/content_3898941.html.
② 沈晓辉：《社会建设与人的全面发展》，《湖南社会科学》2008年第1期。
③ 周长城：《社会发展与生活质量》，社会科学文献出版社2001年版，第18页。

第四章 为政以私：失职行为的道德批判

国的老百姓没有问责的勇气与能力，传统落后的官场文化影响和阻碍着政府问责制的实行，使问责制的推行成为行政系统自身的孤军奋战，收效甚微且缺乏持续性"①。在其位，不谋其政，必须有相应的惩罚措施，方能保证政令畅通，官员们才会真正各司其职，各负其责。制度是人们确定其权利，对他人所承担的风险、义务和责任的具有约束力的关系束。②制度有正式制度与非正式制度之分。问责制度无疑是一种正式制度，具有明显的强制性，它是政府对各部门负责人及相应的工作人员在其工作范围内的失职行为进行惩处，进行内部监督和责任追究。行政问责制度要想真正发挥作用，立章建制仅仅是起步阶段，后面还有很多事情要做，要保证其能够被真正执行。从我国当下各地行政问责制度的应用来看，有着很大的随意性，"带病复出"的屡见不鲜。我们仅举几个媒体上报道的案例：

"阜阳毒奶粉事件"、"松花江污染事件"、"三鹿奶粉事件"、"山西溃坝事件"、"贵州瓮安事件"……每一个重大事件的处理，都有一大批官员被问责。然而，在官员被问责的同时，被问责官员"悄悄地"复出的消息也屡屡见诸报端，不知不觉间，他们中的一些人已重获要职，有的甚至得到提拔。因派警察进京抓记者而被称为"最牛县委书记"的辽宁省西丰县原县委书记张某去年年底悄然任职；因"黑砖窑"事件被免职的山西省临汾市尧都区副区长段某被任命为尧都区区长助理，在贵州瓮安群体事件中被免职的瓮安原县委书记王某也悄然调任黔南州财政局副局长……③

犯过错误的官员们不是不能复出，因为国家培养一个干部成本很大，况且将犯了小错的官员永不任用，也是对人才的浪费。群众之所以对官员们

---

① 王丽萍，朱云：《政府问责制：提高执政能力的制度化建设》，《宁夏社会科学》2006年第4期。
② 阿兰·斯密德：《制度与行为经济学》，刘璨等译，中国人民大学出版社2004年版，第5页。
③ http://www.ce.cn/xwzx/gnsz/gdxw/200907/17/t20090717_19560358.shtml.

"带病复出"强烈质疑,主要是复出的程序不透明,信息不对称,正规渠道的声音难以听到,小道消息无疑会满天飞。问责制度必须具有明晰的可操作性,并且能够被真正贯彻执行,否则,更多官员会肆无忌惮,为所欲为,那么失职行为必定会不断发生。

三、理念塑造与制度补缺:失职行为的防范治理

塞缪尔·亨廷顿认为:"各国之间最重要的政治分野,不在于它们政府的形式,而在于它们政府的有效程度,有的国家政通人和,具有合法性、组织性、有效性和稳定性,另一些国家在政治上则缺乏这些素质。"[1]也就是说,政府的有效程度是各国政治最重要的分野,而不在于它是什么样的政府形式。政府的有效程度无疑又取决于官员们能否认真履职,失职行为不可避免地损及政府效用,直接威胁着政府的合法性,因此必须对官员们的失职行为进行矫正和治理。失职行为的防范和治理需要双管齐下,既要从内在的自律层面着手,又要从外在的他律方面用力,唯有内外用力,两方面共同起作用才能真正矫正失职行为。

(一)涵育良好的行政文化

行政文化是政治文化的子类,有优良和低劣之分。"宏观层面的行政文化是指现行社会中普遍流行的观点、思维模式以及价值取向等,它的主体

---

[1] 塞缪尔·P·亨廷顿:《变革社会中的政治秩序》,王冠华等译,三联书店1989年版,第1页。

不局限于行政主体中的成员，更多的指社会民众所表现出来的世界观、价值观等；微观层面的行政文化是指以一定的社会文化为背景的行政主体在行政活动中所形成的精神文化形态，是关于一切行政活动的行政意识、信仰、价值观、道德观、思维方式、行为模式、心理倾向、传统习惯等因素的有机整体"①。人们通常认为，经济的发展与政治民主化之间存在着线性关系，即经济的发展必然导致政治民主化。李普赛特是运用定量分析方法来研究二者关系的开创者，并得出二者之间存在着正相关关系。达尔也认为，市场经济会引发经济增长和社会发展，它对发展民主政治很有利。②然而，以杻鲍尔为代表的一些学者对上述观点提出了挑战，并指出：经济发展并不一定会带来政治民主化的进行。杻鲍尔认为，民主的发展存在一个类似于"隘口"的问题，未到达该"隘口"之前，二者的相关关系很高，但过了之后，二者之间则没有多大关系。③众多学者的观点可谓见仁见智，莫衷一是。但大量事实表明，一些经济高速增长的国家，其政体并非是民主政体，并且经济的发展也没有伴随相应的民主化。这种现象引起了很多学者注意力的转向，他们认为政治民主化并非是经济发展的必然产物，对政治民主有影响的还有其他独立变量，如政治文化。一国的政治文化相对稳定，虽然也在发展变化，但这个变化过程是极为缓慢的，它瞄准的是核心价值，而非那些稍纵即逝的观念、态度，更非是当前的舆论热点。政治文化的发展是一个相对独立的过程，它是一个独立的变量，与经济的关系应是一种自变量与自变量的关系，而非因变量与自变量的关系。我们知道，经济的发展并非民主政治的充分条件，政治文化同样也是一个影响政治发展的变量；而政治文化的演化，除了要承袭

---

① 撒承贤：《简论政府效能与行政文化》，《西北第二民族学院学报》2008年第6期。
② 达尔：《论民主》，商务印书馆1999年版，第176页。
③ 杻鲍尔：《民主的某些条件》，《美国政治科学评论》1967年冬季号，第997—1012页。

传统习俗的惯性,还要因循于政策导向。循着这种思路,在我国经济和现代化进程突飞猛进以及政治文化处于转型的今天,国家和政府采取什么样的政策对于建构我国的民主政治起着至关重要的作用。如此之说,并不意味着政治文化的演变不受经济发展进程的影响,而是强调,政治文化与经济发展不是果与因的线性关系,它有着自身独特的演化路径。政治文化的变迁很大程度上受一国历史传统因素的影响,作为政治文化子类的行政文化同样具有政治文化的特性,因此,"美国的行政文化通常表现为民主、自由、积极、奋发的特色,德国的行政文化表现为重法、守纪、严正、整齐的特色,英国的行政文化则有尚典、守旧、泥古、重名的色彩"①。各国行政文化之所以有如此大的差异,就是因为它能够保持相对的独立性,但是如此之说,并非意味着行政文化全然按照自身的演绎路径发展,它还受制于政府政策的引导,因为经济基础毕竟决定着上层建筑,作为观念性的行政文化亦是如此。

我国至今已进行多次行政体制改革,包括1982年国务院机构改革和人事制度改革,1988年转变政府职能的改革,1993年精简机构、理顺关系的改革,1998年推行的破除官僚主义、试行党和国家领导制度的改革,2003年以国务院机构改革为重点以及2008年深化行政管理体制的改革。但是多年来这些政府机构改革一直没有跳出"膨胀—精简—再膨胀—再精简—又膨胀"的怪圈,这种现象就是行政文化有着自身独特演绎路径的鲜明写照,因为行政文化与经济基础的不同步性,行政文化改革滞后,行政改革的软件建设没有跟上硬件建设的步伐,仅仅靠合并拆并机构是不行的,内核仍然照旧,把握好各方面改革相互适应、相互促进的规律性是必然要求。根据行政文化历史发展阶段及其特点,可将我国行政文化分为"伦理型的行政文化范式、制度—伦理型的行政文

---

① 于健慧:《基于传统视域的行政文化的反思》,《行政论坛》2007年第5期。

化范式、法治型的行政文化"①。由于我国古代伦理型的行政文化根深蒂固，制度—伦理型的行政文化处于夹生状态，法治型的行政文化发展步履维艰，一些官员的脑子里充斥的仍是伦理型的行政文化模式，公务员队伍的服务意识和能力等难有改观，与人民群众的要求和期望尚有很大差距。针对部分官员"官德"缺失现象，国家有关部门采取了一些型塑良好官德，涵育优良行政文化的措施。2011年国家公务员局制定了《公务员职业道德培训大纲》，旨在加强公务员职业道德建设，不断提升公务员队伍职业道德水平，这对增强政府和公务员队伍的公信力、巩固党的执政基础具有重要意义。

认真研读《公务员职业道德培训大纲》，我们不难发现，通过开展大规模培训，对古代"官德"的借鉴，选树公务员职业道德楷模，来推动公务员职业道德文化养成是其鲜明特点，尤其是加入一些典型案例分析，将理性的探析与直观的感受融合在一起，有利于推进公务员优良行政文化的涵养和良好官德的形成。必须深入研究行政体制改革与经济、政治、文化和社会体制改革的相互关系，通过加强官德建设，实现变革行政观念，重建行政伦理，调适行政心理，重估行政价值，改变行政习惯，确立优良行政文化的目标、机制、途径与评估方法，从而以"官德"内在机理的重塑来矫正和防治失职行为的发生。

（二）完善有效的外在制度

如前所述，制度更带有根本性，对于规范行政行为具有立竿见影的强制性效果。之所以制定制度，其出发点往往有两个：人性恶假设和经济人假

---

① 何永红等：《中国行政文化的范式分析》，《行政论坛》1999年第6期。

设。关于人性善恶的问题历来争讼纷繁,截然对立的观点就是性善论和性恶论,在中国思想史上,孟子是性善论的代表。他认为"人性之善也,犹水之就下也。人无有不善,水无有不下。"①他进一步论述道:"恻隐之心,仁之端也;羞恶之心,义之端也;辞让之心,礼之端也;是非之心,智之端也。人之有是四端也,犹其有四体也。有是四端而自谓不能者,自贼者也;谓其君不能者,贼其君者也。凡有四端于我者,知皆扩而充之矣。若火之始然,泉之始达。苟能充之,足以保四海;苟不充之,不足以事父母。"②性恶论的典型代表当属荀子。性恶论者认为人类作为一种生物有求生的本能,为了生存,人的本性不可避免地被赋予了恶的道德价值,他们推崇大凡善的、有价值的东西必须经过人类后天的主观努力才能获得,以此强调道德教育的必要性。亚里士多德也认为,"当脱离法律和裁决的时候,人就是最坏的动物"③。我们知道,"对人性的不同看法,必然对我们应当做什么和怎样做,得出不同的结论"④,也就是说对人性的不同看法会衍生出不同的行为,以此观之,很明显只有道德教化的作用是不够的,道德教化充其量只是一种软约束,秉持不同的人性观其接受效果明显不同,更为关键的是需要一种能够起到威慑作用的强制力,这就需要着意于人性恶基础上的外在制度的建立。

关于"经济人"假设,其意指个体不管处于何种情势之下,在人的本质这一点上都是一致的,即以满足个人利益最大化作为首要出发点,追求自身效用的最大化,这是个体行为处事的基本动机。正是因为官员首先是一个自然人,然后才是一个国家公职人员,他也有经济人的自利动机,可见,外在制度的规范性是保证其正常履职的必要条件和坚实基础。为加强对党政领导

---

① 《孟子·告子上》。
② 《孟子·公孙丑》。
③ 列奥·施特劳斯,约瑟夫·克罗波西:《政治哲学史(上)》,河北人民出版社1993年版,第148页。
④ 莱斯利·史蒂文森:《人性七论》,袁荣生,张藻电译.商务印书馆1994年版,第5页。

干部的管理和监督，提高党的执政能力和执政水平，减少和预防失职行为的发生，根据《中国共产党章程》、《党政领导干部选拔任用工作条例》等党内法规和《中华人民共和国行政监察法》、《中华人民共和国公务员法》等国家法律法规，中共中央办公厅和国务院办公厅制定印发了《关于实行党政领导干部问责的暂行规定》，我们研读一下问责的具体情形、方式及适用范围可以看出，《关于实行党政领导干部问责的暂行规定》的颁布实施，是加强反腐倡廉制度建设、完善领导干部行为规范以及预防和惩治失职行为的重要举措，对于加强党政领导干部的管理和监督，增强党政领导干部的责任意识无疑具有非常重要的意义。

我们知道，"一切科学对于人性总是或多或少地有些联系，任何科学不论似乎与人类离得多远，它们总是会通过这样或那样的途径回到人性"[①]。如同科学一样，制度的制定也需要回到人性之上，也就是说，制度的制定无疑应该以人性恶作为立基点。我们知道，在小范围内，人们彼此间很熟悉，内在制度比较有效，但是在较大共同体内，由于信息不对称的存在，外在制度则是最优选择，内在制度往往会失灵，因此在经济现代化和政治民主化的进程中，必须注重外在制度建设，而《关于实行党政领导干部问责的暂行规定》的颁布无疑是按照这一逻辑顺序演进的。

---

① 休谟：《人性论》（上），商务印书馆1980年版，第6页。

第五章 Chapter

走向善政：勤政之路何以实现

善政意指法度严明、吏治清廉，政府效能较高，公共服务优质，人民安居乐业、幸福安康。善政的实现条件很多，但是勤政对于善政的达成却不可或缺。勤政是恪尽职守、勤于政事，它是一种埋头苦干、兢兢业业、任劳任怨的精神境界和行为方式。勤政是我国历史悠久的吏治品德，大凡勤政为民者历来为王朝正史乃至稗官野史所称道，有的甚至演变为民间佳话，广为流传。《尚书》中说："功崇惟志，业广惟勤。"①评判官员优劣，勤于政事是非常重要的标准，它是一种官德的要求。"民生在勤，勤则不匮。则为民者不可以不勤。业精于勤，荒于嬉。为士者不可以不勤，况为命吏，所受者朝廷爵位，所亨者下民之脂膏。一或不勤，则职业隳弛，岂不上孤朝寄，而下负民望乎。"②官员是否勤政，事关善政的达成，它是官员的道德风范，唯有勤政方能走向善政。与此同时，勤政本身就是一种善治的途径。"善治就是使公共利益最大化的社会管理过程。善治的本质就在于它是政府与公民生活的合作管理，是政治国家与公民社会的一种新颖关系，是两者的最佳状态"③。要实现为官的勤政之路，必须对勤政能力进行培养，对勤政绩效进行考察，对勤政制度进行构建。

---

① 《尚书·周官》。
② 真德秀《政经》三十九。
③ 俞可平：《治理与善治》，社会科学文献出版社2000年版，第8—9页。

一、学思与践行：勤政能力之培养

能力有先天和后天之分，先天的是禀赋，后天的是习得，先天的是客观的，后天的是变动的，先天的难以改变，后天的可研磨锻造，因而我们说勤政能力的培养，针对的是后天习得来说的。勤政能力的培养有学习、思考和实践三环节。

（一）学

学习是获得知识、技能、价值观念等的过程，其形式或隐或显，对人类社会乃至社会成员个体不可或缺，一直伴随生命历程的始终。对于官员来说，勤政能力也是需要通过学习才能获得的，通常情况下，勤政能力的锻造首先需要从政治理论、业务技能、思想道德三方面入手。

一是政治理论学习。政治问题历来都是一个大问题。政治理论学习旨在增强官员的宗旨意识、发展意识、大局意识、服务意识，从而提高领导干部自身的政治理论素养，有坚定的理想信念、清醒的政治头脑和扎实的理论功底。官员们只有通过政治理论的学习，提高自己的政治鉴别力，明了上级政府和本级单位的中心工作，才能找准正确航向，在确定了正确的道路之后才可能以极大的热情投入到大局工作之中，才能引致勤政的实现和善政的达成。马克思主义理论素养是官员们保持政治上坚定的思想基础，必须以马列主义、毛泽东思想、中国特色社会主义理论为主要学习内容，把社会主义核心价值体系的学习作为重要任务，准确领会党的路线、方针、政策和党的重要文件、会议精神，熟知国际国内时事政治和相关法律法规，掌握提高公务员政治鉴别能力的条件、重点、途径和方法，全面认识知识社会领导干部政治理论学习的重要意义。政治理论学习分为自学和集中学习，通常采取辅导报告、讲座、征文、参观等多种学习形式。

政治理论学习主要以眼下理论热点和区域中心工作为坐标，针对当前发展的重点、难点和热点问题确定学习内容，配有学习活动的考勤制度、交流制度、调研制度、档案管理制度和考核通报制度，从而提高机关干部的政治素养和理论水平。政治理论学习是官员培养勤政能力的一个重点，它能够将官员的角色意识带入当前的全局工作之中，提高政治敏锐性和政治鉴别力，时刻绷紧政治纪律这根弦，抓住主要矛盾，着力深化理论创新成果的学习，着力倡导优良学风作风，着力创新学习的方式方法，以此进行政治教化，勤政为民。

二是业务技能学习。良好的业务技能是公务员开展工作的重要保证，是加强公务员能力建设的重要内容。良好的业务能力更是公务员勤政和善政的必要条件，公务员只有熟悉业务知识方能对从事的工作感兴趣，而兴趣是最好的老师，有了兴趣才肯花费精力和时间去钻研业务知识，才能实现勤政，以此形成良性循环。可以预见，如果公务员对自身从事的业务工作不熟悉，势必影响其工作热情，勤政也将是一句空话，善政也难以实现。按照《行政机关公务员培训纲要》的分类，主要有四类培训，即初任培训，着力提高新录用公务员适应职位要求、胜任本职工作的能力；任职培训，着力提高晋升领导职务公务员的领导能力；专门业务培训，着力提高公务员的业务工作能力；在职培训，着力于全体公务员更新知识、开阔视野、提高素质。

公务员业务能力培训主要对依法行政能力、公共服务能力、调查研究能力、沟通协调能力、创新能力、应对突发事件能力、心理调适能力进行培训，通过学习进一步提高解决复杂矛盾和问题的能力，增强驾驭全局和解决重大问题的战略思维能力，更好地推动科学发展，促进社会和谐。业务能力培训既有公务员通用的能力培养，也有新形势下加强和改进群众工作及社会管理工作的培训，目的就是要以业务能力的提高来强化勤政的达成和善政的实现。

三是道德操守学习。古人常说，"心若苦时人便苦"；俗语也说，"人无德不立，国无德不兴"；毛泽东也曾提出一个著名论断：人总是要有一点精神的。道德一再被强调，主要缘于"从领导干部的作用来看，一是他们是党的路线、方针、政策的贯彻者和执行者，在实现党的领导、维护全国各族人民的利益中起重要作用。二是他们在社会生活中尤其是道德建设中起着道德导向作用"。[①]可以看出，从内在层面对领导干部进行教育培训对勤政与善政至关重要，因而思想道德上的学习与教化历来受到重视。只有从思想上确立勤政为民的思想，才可能去花大力气下大工夫行使权力履行义务。2011年，胡锦涛总书记在"七一讲话"中针对四个危险，提出了牢固树立辩证唯物主义和历史唯物主义世界观和方法论，做到学以立德、学以增智、学以创业，各级领导干部都要不断提高思想政治水平，坚定理想信念，增强为党和人民事业不懈奋斗的自觉性和坚定性，咬定青山不放松，真正做到坚定不移、矢志不渝。"历史地考察中国的官德建设，就是要把批判与继承结合起来，把借鉴古代官德思想精华与发扬我党优良传统结合起来，把以古代清官的可贵品格为镜子与学习我党优秀干部的高尚品德结合起来，把加强官员的道德教育和自我修养与建立和完善相关的制度结合起来"[②]。对领导干部而言，必须强化"全心全意为人民服务"、"尽忠职守、乐于奉献"等观念和意识，不断增强宗旨意识、执政意

---

① 刘昌果：《"以德治国"的关键：官德建设》，《社会科学研究》2001年第6期。
② 唐利斌：《中国官德建设的历史考察》，《湘潭大学学报》2004年第4期。

识、大局意识、责任意识,把推动科学发展作为履行职能的第一要务,通过学习进一步加强自身修养和主观世界改造,不断锤炼道德操守、提升精神境界,在促进社会和谐中发挥重要作用。

有人认为思想道德是一种软性的东西,很难通过外在的教育培训学习实现,只有靠个体主观的认识提高才能达成,"解决人的精神领域的问题,完全不能采用突击的、形式主义的、命令的、短期的方式,而应该采用渐进的、融入的、持续的方式"①。表面看来,这种观点有一定道理,其实不然。诚然,采用渐进的、融入的、持续的方式对于领导干部思想道德的熏陶和培养具有持久的效果,但是这种方式不是非常适用于官员们思想道德的涵育,因为官员们的政治生命的年数能够数得过来,必须在其政治生命周期里通过不定期的方式得到解决。而且,思想意识与道德观念并非是先天性的东西,很大程度上都是后天习得的,并且决定于其所处的大环境,决定于其所处社会的经济基础,由于领导干部本身就有一种角色意识,因而突击的短期的方式同样能够固化官员们的意识。正如胡锦涛总书记在十七大报告中指出的:加强党员、干部理想信念教育和思想道德建设,使广大党员、干部成为实践社会主义核心价值体系的模范,做共产主义远大理想和中国特色社会主义共同理想的坚定信仰者、科学发展观的忠实执行者、社会主义荣辱观的自觉实践者、社会和谐的积极促进者。通过城阳区交通运输局干部职工教育培训计划可以看出,思想教育、道德素质教育、党风廉政教育被置于重要位置,是提高领导干部思想道德素质的重要抓手。

(二)思

除加强政治理论、业务技能、思想道德学习之外,还要注重思考,

---

① 郎佩娟:《行政机关行政文化建设主流化的思考》,《天津行政学院学报》2008年第3期。

把握好学习和思考的辩证关系。孔子曰:"学而不思则罔,思而不学则殆。"思考是一种根据已有经验和现有条件进行认知的过程,思考是对过去的总结、现实的反思和未来的预测。思考缘于现实中存在着问题,问题是任何社会、任何国家、任何单位都存在的一种客观现象,因此,唯有通过认真周全的思考,才能采取切实可行的措施予以解决。后现代公共行政理论认为:"公共行政活动和人类的交往活动一样,都是一种话语的游戏,而历史则是这一游戏活动的文本,不同人在不同语境中有不同的解读,并不存在一成不变的原则和规律,只存在合情景性"[1]。因此,仅仅通过学习而不去思考是难以解决问题的,因为学习的内容无非都是已有的一些能够总结出来的方法,然而很多问题很多经验却难以以一个总结性的东西示人,甚至是只可意会不可言传,这就需要不断地思考,从而形成内化为自我一部分本能的处理方式,这个难以通过学习习得,它是个体自我升华的一种方式,只能通过内在的处置而难以通过外在的方法进行填鸭。因此,领导干部不想学会思考,精于思考,要进行全局性思考和前瞻性思考,要善于冷静思考、理性思考、战略思考。

社会学中有"文化堕距"的指谓,意指"由相互依赖的各部分所组成的文化在发生变迁时,各部分变迁的进度是不一致的,有的部分变化慢,就会造成各部分之间的不平衡、差距和错位,由此产生各种问题"[2]。也就是说,国家即使进行再周全、再前瞻性的制度设计,由于文化堕距的存在,总有一部分会发生不相适应的情况,因此领导干部要勤于思考、善于思考,唯有如此才能将原则性的指导意见与本地区本部门实际情况相对接,从而将问题想得更透彻,思路想得更清晰,方法想得更适宜,对策想得更周全,准备工作做得更细致,成功率更高、效

---

[1] 谢昕,张亮:《后现代公共行政理论精要探微》,《中国行政管理》2007年第9期。
[2] 唐钧:《重塑行政文化》,《理论探讨》2000年第1期。

果更好。领导干部思考问题要有针对性，必须立足于自己的岗位职责，过多地想工作之外的其他问题则是胡思乱想，于工作于勤政于人民毫无益处。领导干部进行深入思考是保障勤政为民方向正确的必要步骤，如果思路不清、想法不明，即使花费再大精力去勤于政事，结果可想而知。如同领导干部培训学习，它只是外在的一种方式，上述案例强调要思考的原因也在于此。

（三）践行

勤政能力的培养还要通过实践的检验，在实践中不断提高。马克思主义认为，实践的观点是辩证唯物主义认识论的首要和基本观点。实践是改造社会和自然的有意识的人类活动，是人的主观的、感性的活动，是主观见之于客观的能动性活动，是社会的活动，是历史的活动。实践是认识的基础，是政府履行国家职能的具体方式与表现形式，没有实践就没有政府存在的自我确证，没有具体的实践就没有政府存在的必要。那么为什么实践对于政府及其工作人员如此重要呢？

一定意义上可以说，社群主义的强国家观念是实践重要性的内在支撑。社群思想最早可追溯到亚里士多德，他曾论述道，人是天生的政治动物。社群主义（Communitarians）正式产生于20世纪80年代，代表人物有桑德尔（Michael Sandel）、泰勒（Charles Taylor）、麦金太尔（Alasdair MacIntgre）等，它以共同体主义作为哲学基础，将社群共同目标置于个体目标之上，且群体成员都认同自己是该群体的一分子。社群主义的"社会"意味着"人们的生命属于社会，他作为社会的一员，社会有权利处置他们，为他们设定目标，或者制定计划'分配'他们的劳动"[1]。与此种"社会"观相适应，社

---

[1] 安·兰德等：《自私的德性》，焦晓菊译，华夏出版社2007年版，第84页。

群主义有两个主要特征,即"它强调自我的社会情境性;它否定所谓的焦点个人主义。社会情境性意味着,个人通过在历史上特定的社会或文明中观念性地把握的东西来获得理解,获得他们的善的观念及他们的'构成性目标'"②。社群主义突出社会情境性意味着它将人的动机及行为视为变动的,而不是静止不变的,因此,它反对抽象的个人主义;反对焦点个人主义则是否认将个体及其衍生而出的利益视为分析社会现象的基本变量,相反它将共同体利益置于更为崇高的地位,在个体利益与群体利益相冲突的情况下,个体要完全服从于集体,也即公共的善优先于个人权利。正是因为社群主义反对焦点个人主义,因而在权利观上,社群主义摒弃了消极的权利观,认为"个人不受他人阻碍"的消极自由是不够的,消极的不干涉、不侵犯、不作为是不足的,而是应该以"有所作为"的积极权利作为自己的权利观,即国家对个人的生存、教育、养老、医疗等负有不可推卸的责任;承认公共利益优先于个人利益,个体应服从于集体;认同应该建立一个"强国家",而非"弱政府"。因此,"几乎每一位社群主义者都论及国家,并认为国家是最重要的社群。可以说,社群主义的国家观是其整个理论的重要组成部分,是社群主义的理论归宿"③。既然群众需要的是一个能够提供优质公共服务的政府,而政府作为一个组织并非靠自己的设置就能提供优质公共服务,这些公共产品说到底还是要靠执行政府使命的行政人员通过相应的政策制定、执行来供给。因此,要想政府能够满足社会大众对优质公共产品的需求,就必须有相应的高素质工作人员作为支撑。

行政人员的高素质从何而来呢?这种素质的形成既需要行政人员自身的学习,又需要对他们进行相应的培训,最需要通过实践进行锻造。唯有通过

---

① 杰弗里·托马斯:《政治哲学导论》,顾肃等译,中国人民大学出版社2006年版,第302页。
② 王洪波:《社群主义公共利益观和国家观辨析》,《江汉大学学报》2008年第3期。

实践，强化行政的各种素质和技能，才能打造一流高效的政府，然后通过行政人员的有所作为才能满足民众的需要，符合群众"强国家观"的需求。对实践锻炼的强调是近些年从中央到地方对行政人员最基本的要求，这可以从每年公务员考试中略窥一二，从2012年起公务员考试除特殊岗位之外都需要两年以上基层工作经历，我们知道基层是最能锻炼人的地方，是实践出真知的地方。而且，全国各地大都组织了官员联系基层的活动，其目的很明确，就是在深入基层的实践中去锻炼才干，增长知识。

实践是提高官员能力和素质的基本途径，各级领导干部必须强化实践意识，切实付出实践行动，在实践中接受锻炼，在实践中增长才干。在实践中经受锻炼，必须到人民群众最需要的地方去，到矛盾最集中的地方去，通过下派挂职、干部交流、短期任职等方式，积极选派年轻干部、后备干部到农村、社区、企业进行实践锻炼。要积极提升调查研究的能力，加强典型调查、专题调查和系统调查，全面掌握新情况、新问题，提升沟通交流的能力，说心里话，说实在话，说内行话，懂沟通技巧，不断提升解决问题的能力。注重思想、政策、法律、经济等手段的综合运用，因地制宜、因人而异地解决群众反映强烈的问题。

二、自我与他者：勤政绩效之考察

行政绩效的考察离不开主体的直接参与，考察主体有自我与他者之分，牵涉到勤政绩效的自我评价和他者衡量。绩效的考察必须坚持个体自我与外在力量的参与，唯有如此才能真正衡量官员们的绩效大小与真实状况，离开他者的参与，绩效考核不可避免地沦为"王婆卖瓜"，从而缺乏公信力。

（一）勤政绩效的自我评价

按照功利主义的看法，任何行动、体制、做法的正确与否是可以从最终结果评判出来的，而这种依据的评判标准就是该活动的内在的善恶与好坏，亦即"经典功利主义的主张是，只存在一种内在的价值，即幸福或快乐"①，因而幸福是作为评判体制好坏与否的标准，它本身具有内在价值，这意味着官员们在对自己的行政活动进行评价时，其依据的标准并非仅仅是一些政治教化和官德伦理原则，还包括这些活动能否给自己带来的幸福和快乐，是其内心的一种真正体验，依据的动机是完全利己和无私利他。这个意义上，勤政绩效的自我评价又可分为个体利己式的自我评价与无私利他式的自我评价。

个体利己的自我评价。功利主义又称目的论，其思想源远流长，可追溯至亚里斯提卜、伊壁鸠鲁等，它于18、19世纪之交正式成为一个哲学系统，代表人物有边沁、密尔、穆勒、西季威克等。功利主义认为人们都是以快乐和痛苦作为一切行为的动机，生活的唯一目标在于追求快乐与幸福，摆脱痛苦与不幸；事物本身具有内在价值，这种内在价值只有一种衡量标准即"幸福"；那些为人孜孜以求的东西本身就固有着快乐和幸福，或者充当着带来幸福或快乐的手段；一种行为的正确与否要根据其所致结果来判定，若是该行为能够累加幸福，则其正确；反之，则错误。即是说，"接受功利原理为道德之根本，就需要坚持旨在促进幸福的行为即为'是'、与幸福背道而驰的行为即为'非'这一信条。幸福意味着预期中的快乐，意味着痛苦的远离。不幸福，则代表了痛苦，代表了快乐的缺失"②。对于何谓幸福、快乐、痛苦等，个体是其自身的最佳裁断人，并且，功利主义以最多数人的最大幸

---

① 杰弗里·托马斯：《政治哲学导论》，顾肃等译，中国人民大学出版社2006年版，第249页。
② 约翰·斯图亚特·穆勒：《功利主义》，叶建新译，九州出版社2007年版，第17页。

福作为标准而非行为者自身的最大幸福。"在功利主义者看来，道德、美德和法律一样，都是一种必要的恶……只能是他律的，只能是为了道德和美德之外的他物，亦即每个人的利益和幸福：幸福是道德的终点和目的"①。为实现"最多数人的最大幸福"这一目标，"功利主义要求首先法律和社会安排应当尽可能地让个人的幸福或个人利益与全体利益趋于和谐；其次教育和舆论对人的性格塑造具有重大影响，应当用这股力量在每个人心中建立起自身幸福与全体利益之间的密切关系，尤其是自身幸福与按照普遍幸福行为模式所从事的实践活动之间的联系"②。功利主义思想无疑能够对政府机构及其官员行为的目标进行最好、最清晰的诠释，单位自评是这种方式的鲜明表现。

  自评对于官员自身考核也是一种常见的形式。虽然他者的评价可能更准确，但是自评的作用也是不可或缺的。人是万物之灵长，处于宇宙之轴的中心地位，具有最高价值，当今流行的对人之外他物的强调也不过是人类中心主义的隐秘形式，本质上还是人处于主宰地位的逻辑。尽管如此，在几千年的人类社会中，对人性的推崇与尊重，对人的主体性的突显与重视却是一个缓慢、艰难的过程。我们知道，主体性是使人成为主体的根本属性，是现代社会的主要特征。启蒙运动之前，是乌有之神钳制现实之人的阶段，人的主体性淹没于神性之下；顺次是人奴役人的阶段，绝大部分人无主体性可言；接着则是物无情僭越人的阶段，人的主体性附属于物。官员考核时的自我评价就含有维护自身主体性的意味，因为自评带来的考评结果可能会给自己带来物质或精神上的利益。每个人从出生向社会人转化的过程中，总是通过有所作为来向他人和社会证明自身的存在价值，表明自己的能力，证明自己生活的重大意义，以此来表现和确认自己的本质力量与本质属性，这一过程中

---

① 孙英，吴然：《经济伦理学》，首都经济贸易大学出版社2005年版，第128页。
② 约翰·斯图亚特·穆勒：《功利主义》，叶建新译，九州出版社2007年版，第41—43页。

必然要不断实现物质利益以维持生存和发展，满足精神需求来实现自我的内在价值。因而可以说"物质利益和精神需求之满足状况是确证人成为其人，确证人的生命价值的重要指标"[①]。正是利益在作为实现自我的一种方式与表现自我价值的手段之间不断转换才推动个人的发展与整个社会的进步。所以，从这个角度来论说自评，应该是有着积极意义的。

无私利他的自我评价。"衙斋卧听萧萧竹，疑是民间疾苦声。"无私利他的自我评价中，"我"被隐去，全然以为他人服务、为人民群众服务作为自己行为的出发点。无私利他包含在社会连带思想之中。社会连带意为社会关联、社会团结，该概念由埃米尔·涂尔干、蒲日热等于19世纪末提出，以实证主义哲学作为自己的理论基础，社会学家莱昂·狄骥对其进行了更为深入的研究。"社会连带是指个人与个人、个人与群体、群体与群体之间的相互渗透、相互依存的状态。没有连带，人类生活的共同体就无法形成和维持；连带的粘结度低时，人类社会的稳定性就差"[②]。因此，社会连带本质上是处于各种社会关系中的人们基于相互依存、相互关联的事实而自主地互助合作、寻求共同利益的联结枢纽。在社会生活中，人们有着各种各样的需要，于是就衍生了"同求的连带关系"和"分工的连带关系"。为了满足自己的需要，人们必须通过连带关系与其他个体合作，在此情势下，社会连带关系就演变为一切社会规范的基础，成为社会的最高原则。社会连带思想印证了社会保障中的合作共济理念，它不仅体现在各个社会保障项目中的"大数法则"，更为重要的是古时人类自身的布道怜悯、仁慈互助，发展至现代慢慢转变为各色慈善组织。狄骥还认为，"连带关系越加强，个人活动就越发展；不同的社会需要越是得到满足，社会连带关系就越坚固。被这种连带关系结合起来的个人，都有一种

---

① 杨素云：《关于利益调整的法伦理学思考》，《学海》2008年第6期。
② 董溯战：《论作为社会保障法基础的社会连带》，《现代法学》2007年第1期。

追求幸福生活的愿望，就是愿意成为既有个性又有社会性的个体愿望。"①由于我国是社会主义国家，领导干部都是人民的勤务员和公仆，无私利他成为可能。以无私利他的方式进行自我评价，会对自身要求很高，标准也相当之严，但是在市场经济条件下存在着实现的困难。但是无私利他的自我评价却是亟待努力的方向，因为古语说："官德决定民德，官风决定民风"，"未有身正而影曲，上治而下乱者"，由此可见官员的实际行为对整个社会的影响是何等之深。而且，现时期我国各方面正面临着深刻的调整，社会分层加剧，贫富差距拉大，公共危机事件时有发生，坚固的社会连带关系实属必要，而领导干部无私利他的自我评价行为就是加固社会连带关系的最好方式。

（二）勤政绩效的他者衡量

他者是相对于自我来说的，勤政绩效的他者衡量是相对于政府工作人员自我评价的绩效考核来说的。勤政绩效的他者衡量缘于国家宰制理念。国家作为一种伦理实体存在的思想源于黑格尔，黑格尔认为："作为自由而合乎理性的那精神是自在地伦理性的，而真实的理念是现实的合理性，正是这个合理性才是作为国家存在的。"②国家作为伦理实体存在具有一体两面性：一面是处于至高无上的地位，其本身具有最高价值，原子式的个体必须服从、服务于它，维护类的整体利益，这就是黑格尔的"国家宰制理念"；一面则对国家提出相应的要求，它必须以共同利益为取向，其行为必须符合伦理的合理性与正义性，捍卫个体利益。在国家这个伦理实体中，"一方面，如吉登斯所说的作为伦理实体的国家中的抽象系统以一种客观的方式保证私人交

---

① 李乐平：《社会保障法法理思想探析》，《社会保障制度》（人大复印资料）2008年第10期。
② 黑格尔：《法哲学原理》，范扬等译，商务印书馆1961年版，第276页。

往中的契约的正义性及其兑现;另一方面,如罗尔斯所揭示的那样,作为伦理实体的国家通过正义的安排保证个人的基本福利,以及平等基本自由的实现。"①如何保障个体的基本福利及平等自由,是作为伦理实体存在的国家的重要责任与义务,该责任与义务的核心就是国家在一切统筹安排中必须体现出权利与义务的对等性。而官员作为国家统筹安排这种对等关系实现的具体执行者,必须保证其处于外在的监督之下,即政府官员绩效的他者衡量,唯有如此才能使政府权力的让渡者收获自己让渡出去的权力的对等物。政府官员绩效的他者衡量包括人民群众、新闻媒体的衡量以及政府机关的考核。

人民群众的参与。群众观点是马克思主义第一位的政治观点,群众路线是我们党的根本工作路线,只有植根群众、吸取地气,坚持群众观点不动摇,真正做到感情上贴近群众,善于用群众观点、群众立场思考和处理问题,才能提高工作的针对性和实效性。主体性是使人成为主体的根本属性,是现代社会的主要特征,随着社会的发展进步,人们的主体意识、权利意识会不断增强。然而,由于我国有着两千多年的封建社会历史,这几千年的政治一直是一种家国同构的伦理政治,因而主体性的发展步履维艰。"在整个中国思想史上,所有传统的态度总是不承认个体的独立性,总是把个体认作'依存者'。"②这种个体处于依存者地位的状况可视为人的前主体性阶段。而在人的主体性阶段,"人摆脱了对他人的依赖,成为独立的主体,这时他作为主体在同客体的关系中所具有的性质就是主体性。主体性表现为人的自主性、主动性、能动性乃至创造性的特征。"③如果人的主体性难以保全,那么官员手中的权力难免发生异化,这意味着"人民就与权力发生分离,人

---

① 高兆明:《存在与自由:伦理学导论》,南京师范大学出版社2004年版,第432页。
② 张东荪:《理性与民主》,《梁漱溟全集》,山东人民出版社1990年版,第91页。
③ 郭湛:《从主体性到公共性——当代中国马克思主义哲学的走向》,《中国社会科学》2008年第4期。

民由权力的主体变为权力的客体,权力归属上的人民性也就发生了质变,而成为个人手中的特权"①。所以,此种意义上,主体在同客体发生关系时怎样保全人的自主性、能动性乃至创造性,是维护人的主体性的关键。胡锦涛同志曾强调:"要把人民放在心中最高位置,尊重人民主体地位"。人民群众参与政府及其工作人员的政绩考核就是维护其主体性的最为鲜明最为重要的体现,只有注重公众参与的阳光考评,才能保证考评过程和结果的公开、公平、公正。

"广义的权利概念标志着人们能够或实际做出某种行为的自由度,以及所应获得的利益。广义的义务概念标志着人们应该、必须或实际做出或抑制某种行为的约束度,以及所应承担的责任。"②人民群众参与官员政绩考核,其实不仅是维护其主体性的体现,还是行使权利的表现,更是人道的体现。所谓人道,是指"爱护人的生命,关怀人的幸福,尊重人的人格和权利的道德。"③人道主义体现了国家和社会尊重人的本性,珍视人的个性,维护人的自主性,同时也不乏社会连带主义。人道主义要求无差异地善待所有人,使其成为人,将人作为目的而非手段,尊重人的主体性,重视人的价值和尊严。而且人民当家做主是社会主义民主政治的本质和核心,而健全民主制度,丰富民主形式,拓宽民主渠道,依法实行民主选举、民主决策、民主管理、民主监督,保障人民的知情权、参与权、表达权、监督权是我们一直努力的方向。人民群众直接参与官员的绩效考核无疑就是这种思想的最好注脚,是人民当家做主的鲜明体现,它能够保证人民赋予的权力始终用来为人民谋利益,确保领导干部正确行使权力,让权力在阳光下运行。

---

① 周振想:《权力的异化与遏制》,中国物质出版社1994年版,第12页。
② 罗国杰:《道德建设论》,湖南人民出版社1997年版,第103页。
③ 许琳:《社会保障学》,清华大学出版社·北京交通大学出版社2005年版,第38页。

新闻媒体的参与。新闻媒体的参与是政府舆论宣传的喉舌，更是监督政府及其工作人员的眼睛。将新闻媒体引入政府及其官员的绩效考核中，则会对吏治的整顿和官员的尽忠职守起到外在的推动作用。

2009年8月18日上午，湖南湘潭市绩效考核社会公认评估工作会议召开。与往年不同的是，采访此次会议的媒体记者，每人都收到了一份调查问卷，要求记者对湘潭市政府市直单位作出评估。湘潭市绩效考核社会公认评估工作始于2003年，是湖南省最早实行绩效考核社会公认评估的市州。由媒体记者对市直单位作出评估，这在湘潭尚属首次。社会公认评估是湘潭市绩效考核工作的一项重要内容，其目的就是要把评价的权力交还给人民群众，以人民群众满意不满意作为评价的根本标准。评估内容主要分为两部分，一部分是市直各单位的调查评估工作，主要内容是职责履行、服务质量、办事效率、公正廉洁等情况；另一部分是县市区调查评估工作，主要内容是社会经济发展状况。评估采取问卷调查、上户调查、电话调查三种方式进行。上户调查将在全市范围内抽取1600户居民代表进行上户调查，当场发放和收回居民调查问卷。湘潭市还将向400家不同行业的企业代表发放调查问卷，要求涵盖工业、农业、房地产、建筑、服务业、旅游业等。评估范围进一步扩大，今年评估样本量达到10000余份，较去年提高20%左右。与往年不同的是，今年增加了"媒体记者调查问卷"，以加强媒体对各单位的监督，真正发挥新闻媒介的传播与监督职能。由湘潭市绩效考核办公室分别委托湘潭市委宣传部、湘潭市广电局、湘潭日报社组织部分中央、省级媒体驻湘潭记者和湘潭市本地记者代表，采用会议或其他形式对市直单位进行满意度调查。"媒体记者调查问卷"罗列了数十家市直单位，要求记者代表在"履行职责与转变职能"、"服务质量与办事效率"、"工作实绩与社会效果"、"依法行政与政务公开"、"公正与廉洁"5个方面对这些单位进行评估。评估标准分为非常好、好、一般、差4个档次。湘潭市纪委、监察局将对整个公认评估工作全程监督,同时受理有关举报和投诉,最终将由湘潭市绩效考核办公室和湘潭市统计局对调查问卷进行归类编号、整理汇总、结果排序等。评估结果报请湘潭市委主要领导审阅后在新闻媒体上公布。①

新闻媒体本身承载着手段善的角色。善有内在善和外在善之分。内在善又称作目的善,意指"其自身而非其结果就是可欲的、就能够满足需要、就是人们追求的目的的善";外在善又称手段善,"乃是其结果是可欲的、能够满足需要、从而是人们追求的目的的善,是能够产生某种自身善的结果的善,是其结果而非自身成为人们追求的目的的善"②。可以看出,新闻媒体如果仅仅停留在自身作为手段善的存在而没有发挥应有的舆论监督作用,那么它就会丧失自己应有的生命力,失去自身存在的根基。

政府机关的考核。"效率、效能本是电学和机械力学概念,指能量转换的比率。自19世纪以来,管理学家开始把这个概念运用到企业管理中,研究怎样用最少的人力、物力、财力成本,尽快地生产出更多更好的产品,以便为资本赢得更多的利润。此后,以西蒙为代表的一些管理学者对效率概念进一步扩展,力求使这个概念既适用于工商组织管理,也适用于更广泛的组织管理,探索应用到行政管理领域。这就形成了行政效率、行政效能的概念"③。政府机关的考核对于官员来说仍是一种他者的衡量及评价方式,很明显不同于官员们的自评。以我国目前各地实施的绩效考核为例,通常首先是对单位进行整体考核,对领导班子进行考核,然后单位内部再进行全员考核,并且考核结果的运用日益科学化和常态化,考核不合格的通常是诫勉谈话、警告处分、免职等处罚,同时对于考核优秀与合格的有数额不等的奖金

---

① http://news.rednet.cn/c/2009/08/18/1810370.htm。
② 王海明:《伦理学原理》,北京大学出版社2001年版,第19页。
③ 丁圣荣等:《政府绩效管理江财模式》,中国财政经济出版社2008年版,第1页。

等物质奖励及嘉奖等精神奖励。

从最原始的动机来看,公务员着手准备绩效考核时,奖金与嘉奖等相应的物质与精神奖励并非是其最初的动机和动力,外在的惩罚措施才是促使其认真对待工作对待考核的原始动机,是人类趋利避害本能的再现,因为只要在考核中出了问题,就会不可避免地受到相应的惩戒,对以从事公共管理事务作为职业的官员们来说,是一大打击,所以,他们能够更加认真地工作和对待考核。勤政的实现离不开绩效考核的外在强制,更离不开以他者作为衡量标准的约束,唯有通过他者的评价与测评,才能更准确、真实地反映客观实际情况,这种情况下也才能调动官员们的积极性与慎重的态度。

三、激励与约束:勤政制度之构建

前已述及,制度是带有全局性根本性的问题,能够给人们提供一个合理的预期,同时制度以一个相对规范的方式对现实问题进行规定,以强制性的方式对行政管理主体进行约束,以常态化的方式对官员们进行激励。因此可以说,勤政的最终达成离不开勤政制度的构建,必须以外在制度的形式对勤政进行规定与指引,提供激励与约束。在勤政制度最基本的层面上,其约束机制建设需要健全岗位责任制,要"严格划分不同的层次不同部门与职位之间的职责,合理地配置、划分权力和责任,问责必先明责,要按照职权责一致的原则,通过建立健全各种责任制,对各类岗位尤其是权力岗位应负的责任作出细致的规定"[①]。在深层次上,勤政制度的构建需要保证正义性,建构

---

① 王彩梅,刘瑞宁等:《服务型政府与勤政建设问题研究》,《陕西行政学院学报》2009年第2期。

起有效率的勤政制度。在激励机制上，必须建构利益驱动的勤政制度。

（一）建构正义的勤政制度

约翰·罗尔斯认为正义是社会制度的首要价值，正像真理是思想体系的首要价值一样，他将正义分为程序正义和实质正义，将公平正义论分为两个基本原则，即平等自由原则和经济平等原则。即"第一个正义原则：每个人对与所有人所拥有的最广泛平等的基本自由体系相容的类似自由体系都应有一种平等的权利（平等自由原则）。第二个正义原则：社会的和经济的不平等应这样安排，使它们：（1）在与正义的储存原则一致的情况下，适合于最少受惠者的最大利益（差别原则）；（2）依系于在机会公平平等的条件下职务和地位向所有人开放（机会的公正平等原则）"[1]。罗尔斯的这两个正义原则存在着一个优先次序：平等自由原则优先于第二个原则；第二个原则中机会平等原则又优先于差别原则。在罗尔斯看来，正义社会的实现必须具备三个方面的要素：第一，必须有一个正义的宪法以保障公民的平等和自由；第二，必须营造一个有利于机会平等的社会环境；第三，政府要发挥兜底作用，采取差别原则来保障最少受惠者的最大利益。"由于罗尔斯正义论的目标是避开任何特殊的善的观念，所以，他的正义理论被看成是对目的论的伦理学的一种拒绝。罗尔斯的正义论是义务论的，因为它关注社会规则和程序上的考量，而不是实质的后果"[2]。这种义务论取向的正义论反映在勤政制度构建上，就要求勤政制度设置必须符合程序正义，注重形式上的公开公平公正，着眼加强制度化、规范化、程序化建设，避免勤政制度异化为选择性制度政策，从而沦为内部操作的

---

[1] 约翰·罗尔斯：《正义论》，何怀宏等译，中国社会科学出版社1988年版，第9页。
[2] 杰弗里·托马斯：《政治哲学导论》，顾肃等译，中国人民大学出版社2006年版，第165页。

工具。程序正义的角度来观察我国各地现有的勤政规则制度，可以发现勤政制度在规则上是一种一视同仁，在问责程序、方式、方法上也是公开透明的，勤政制度体系的严密性、科学性和可操作性不断增强。

勤政制度建制初衷着意于规范官员行政行为，促进他们勤政为民，从而合法、公正、高效行使行政职权，保障公民、法人或者其他组织的合法权益。然而，现实中只有规定官员去勤政，而缺乏怎么去勤政，导致许多大权在握的官员以勤政之名去乱政，从而使勤政价值目的偏离。"既然那些偏离了勤政价值目的的'勤政行为'很多是由于权力的非规范膨胀而生成，那么，依法行政作为制约这种悖反性现象出现的有力对策，便也是情理中的事了"①。目前，各地在勤政制度的实体正义能够实现的情况下，程序正义是需要完善的薄弱环节，如何分解指标细化责任以及如何严格考核加强问责是努力的方向，只有如此，勤政制度的正义性才能得以保全，从而发挥应有的作用。这是今后勤政制度需要完善的地方。

（二）建构高效的勤政制度

效率在经济学里意指投入与产出比，追求高效率意味着求索效用最大化。同时，效率亦有伦理意蕴，因为寻求效率必然要对各种资源进行优化配置，如何重组资源则内含着行为者的价值判断，遵循着相应的道德规范，而且有效率的经济活动本身就是对社会福利的创造。因此，效率充当着手段善的角色，具有工具价值，它有益于整个社会福利总量的增加，合乎道德的价值目的。"在经济伦理的研究视野内，效率的价值原理表达着行为目的的实质性价值实现，

---

① 高云：《勤政实践对行政伦理价值核心属性的悖反及矫正》，《云南行政学院学报》2004年第3期。

是判断该行为是否有效或是否善的基本依据"①。勤政制度必然要以高效率的方式呈现,否则勤政只能沦为形式上的善却没有结果上的善。与此同时,福利经济学的相关原理也要求勤政制度的建构符合高效率。福利经济学是经济学的一支,主要研究怎样于均衡条件下实现资源的最优配置以及社会福利的分配,它有新福利经济学和旧福利经济学之分,旧福利经济学是有"福利经济学之父"美誉的阿瑟·塞米尔·庇古开创,代表作有《福利经济学》,新福利经济学则由维尔弗里多·帕累托(Vilfredo Pareto)奠基,代表作有《政治经济学教程》。福利经济学是建立在边沁等人的功利主义伦理哲学以及马歇尔等人的一般经济理论基础之上,边沁曾提出"效用"的概念,马歇尔也曾使用"消费者剩余"的表述。"福利"意指个人获得效用的心理满足感,庇古将福利分为狭义的经济福利和广义的社会福利。旧福利经济学立足于基数效用论,认为效用可以量化、比较乃至加总求和,采用的是边际效应分析法,并创造出衡量效用大小的单位util;新福利经济学则立足于序数效用论,认为效用之间无法比较也难以衡量,采用的是埃奇沃思框图的无差异曲线分析法。这样一来,"序数效用是采用第一,第二,第三……的方式来排列消费者效用的次序,而基数效用是采取1,2,3……来衡量消费者效用的大小"②。与此相对应,"新福利经济学家认为福利经济学应当研究效率而不是研究水平,只有经济效益才是最大福利的内容"③。后来新福利经济学又涌现出许多其他学派,如"卡尔多——希克斯补偿法则"、萨缪尔森的社会福利函数等。应用福利经济学指导勤政制度建构,以此作为勤政制度的道德基础与价值负载,无疑"效用"和"效率"思想最为重要,尤其是效率思想对勤政制度所具有的效应不可或缺。然而,此

---

① 卢风,肖巍:《应用伦理学导论》,当代中国出版社2002年版,第120页。
② 丁建定,魏科科:《社会福利思想》,华中科技大学出版社2005年版,第288页。
③ 孙英,吴然:《经济伦理学》,首都经济贸易大学出版社2005年版,第20页。

时我们所说的有效率的勤政制度是有一个隐含的前提，即该制度所规定的勤政行为在大方向上是正确的，也就是说必须是有效益的勤政制度，否则方向错误，效率越高，勤政制度所产生的整体损害就越大，遑论为人民群众带来实实在在的利益。

要提高政府效能，一方面要克服上述造成低行政效率的道德因素，另一方面还要从规范政府的行政行为入手。政府行为是"指行政组织系统及其成员在公共行政管理活动中与外部环境的相互作用所形成的态度和行为，是政府作为一个抽象的组织的整体行为与代表政府某个机构出现的个人行为的有机结合"[①]。政府行为的规范化是市场经济发展的必然要求。在自由市场经济时期，社会经济生活在理论上和实践上都奉行"管得最少的政府是最好的政府"的原则。古典经济学的著名代表亚当·斯密认为，通过市场这只"看不见的手"就会自动地调节好经济生活并使人们互不相干的追逐私利的行为导向社会利益的最大化。因此，他明确反对政府干预经济生活，主张自由放任。政府的行为被严格限定在市场之外，政府的主要职能在于提供私人企业不能以优化比例提供的公共产品如国防、法律、公路以及对外政策等方面。自由放任的原则在西方奉行了一百多年。但到本世纪初，资本主义经济危机频繁发生，特别是本世纪二三十年代发生的震撼西方世界的经济大危机，宣告了市场自发作用能达致一般均衡论的破产。凯恩斯主义便应运而生了。凯恩斯主义认为单靠市场经济的自发运作便会产生有效需求不足，从而导致周期性的经济波动，因而必须借助政府酌情决定的财政政策和货币政策来实现资本主义经济的稳定和均衡。很显然，凯恩斯主义作为资本主义经济危机的一剂救世良方，确实引导着资本主义经济走出危机，走向繁荣。但好景不

---

① 童吉渝：《论政府行政行为的规范化》，《云南学术探索》1996年第6期。

长，到本世纪70年代，资本主义国家经济形势恶化，经济停滞增长，通货膨胀严重，财政赤字居高不下，凯恩斯主义遇到了强劲的挑战。在此背景下，经济自由主义再度抬头，出现了供给学派、货币学派、交易费用学派、理性预期学派、公共选择学派等所谓的新古典主义经济学。这些理论的一个共同点，就是对国家干预的怀疑和向古典经济学的复归。其中如公共选择学派等还另辟蹊径，从研究政府体制和政府决策过程入手，对政府的干预行为究竟能否弥补市场缺陷、矫正市场失灵提出了怀疑和责难。

尽管经济学家们对市场经济条件下的政府行为提出了种种看法，但政府行为的规范化对于市场经济的健康发展是非常必要的，这一点已成为共识。所谓政府行为的规范化，就是政府根据特定的经济关系和经济发展的不同阶段的要求，为了实现特定的目标而在一定范围内，按一定的方式、手段来影响经济生活并使之制度化的过程。具体包括以下内容：第一，政府行为要有确定的目的。政府行为的目的不是代替市场机制，而是为了创造市场机制更好地发挥作用的环境和条件，纠正和弥补市场失灵和市场偏差，旨在通过政府力量和市场力量的结合而实现效率、稳定和公平的目标。第二，政府行为要有确定的范围。传统计划经济的一个突出特点是政府权威无所不在和无所不能。市场经济则要把社会经济生活中的主要方面交给市场机制自发调节，也就是说市场机制可以自发调节的领域就不应当容许政府染指。只有市场机制无法解决的问题才由政府出面。从这个意义上说，政府行为的范围主要应包括提供公共物品，进行宏观调控，调节收入分配和维持竞争秩序等方面。在一般情况下决不允许政府管理企业。第三，政府行为要有确定的方式。传统计划经济体制下政府对经济生活采取直接管理的方式，现代市场经济则要求政府对经济生活要以间接调控为主。政府要用财政、货币等经济杠杆来实现对经济变量的调控。第四，政府行为要有确定的手段。政府在经济生活中发挥作用的手段主要有行政手段、法律手段和经济手段。传统计划经济体制下政府主要以行政手段为主,而现代市场经济则要求政府以经济手段和法律手段为主。

中国社会的大变革已引起社会各种利益格局和社会关系的变化,社会各方面旧的约束力正在打破,新的约束机制还未健全。政府机构中的各个层面及个人也都受到变革的影响和压力,以及各种利益和机会的诱惑。一方面,社会在转型时期的运行与发展更依赖于政府行政行为的规范、有序,另一方面,由于行政权力和市场机制同时发生作用,政府行政行为在这一时期往往容易失范。政府行政行为的失范主要表现在以下几方面:一是政企不分的行政行为。有的地方政府仍直接办公司,从事微观经济管理活动;有的在机构改革中,将后勤部门转为公司,两块牌子、两个职能;有的将分流出去的机关富余人员组建成与原机关业务相近的公司或企业;有的政府职能部门仍沿用传统方法千方百计控制企业领导层的人事权,外贸进出口权、各种审查权等,干预企业的经营管理。二是部门主义的行政行为。在政府角色转换和职能转变中,一些该下放的权力或迟迟不下放,或明放暗收。有的上级政府职能部门甚至通过各种渠道,施加压力干预下级政府中对口部门的职能转变。有的部门甚至以红头文件或其他合法渠道排斥阻挠公平竞争,部门垄断或行业垄断造成服务质量低下。三是地方主义行政行为。在发展地方经济的动力和利益驱动下,一部分地方政府的行政行为表现出地方主义倾向:生产原料的地方保护、商品市场的地方保护、经济诈骗的地方保护、假冒伪劣的地方保护、偷漏国税的地方保护、走私贩私及经济审判的地方保护等,严重损害了国家的整体利益,违反了国家的政策法令,导致政令不通。四是导致"寻租活动"的行政行为。部分地方政府通过行政手段对市场进行过度干预,使个别行业或部门从垄断或经济特权中得到了巨额"租金",这种示范效益导致更多的人效仿,破坏了市场经济的公平竞争原则,促成官员腐败。五是严重侵害人民利益的行政行为。一些政府部门为了自身的利益制定文件向人民群众进行摊派，有的甚至层层搭车摊派，侵占了人民群众的正当利益。这些不规范的政府行政行为如任其发展，不仅导致官僚主义和腐败，损坏政府形象，误导和扭曲社会与人们的行为，而且将会给改革带来巨大的阻力，给社会的发展和进步带来严重的危害。因此，规范政府行政行为是社会运行和发展有序性的客观需要和基本保证。

要实现政府行为的规范化，当然需要依法行政，进行行政体制改革，如冲破政府内部既得利益者的干扰和阻碍，重新对政府权力进行设计和定位，强化政府行为的公开性和透明度，加强对政府行为的监督等。同时，也要辅之以道德的手段，加强官德建设，为政府行为的规范化提供精神动力。官德在整个社会道德体系中处于主导和核心地位。在改革开放的新时期，政府一些部门、公职人员的官僚主义、拜金主义和腐化行为导致了职业道德失范和滑坡，败坏了社会风气。因此，政府行政行为规范化建设，必须从官德建设入手，为行政行为规范化建设提供精神动力和思想保证：第一，要树立正确的行政道德价值导向。政府职业道德价值的基点应是谋取公共利益的最大化，政府官员对自身的权力价值、权力地位应有正确的认识，要以承担公共责任，维护社会公正等为行政道德价值的取向。第二，要继承和弘扬传统行政道德中的精华。我国传统行政道德中一些合理的精华部分，如克己奉公、清正廉明、天下为公等，在新形势下要继承和弘扬其合理的内核。第三，要明确并遵守政府官员的基本行政道德规范，忠于政府，忠于职守，清正廉洁，遵纪守法，实事求是，团结协作。第四，要加强个人道德修养。政府公职人员的自律行为来源于自律的意识。所以，行政道德人格的最终形成，取决于公职人员道德品格的自我锻炼和自我教育，所谓"正气存内，邪不可干"正是如此。只有通过加强官德规范教育，为公职人员的行政行为提供正确的导向，调节和控制公职人员的行为模式，激励公职人员塑造和形成健康、完善的行政道德人格，才能从观念意识上、行政人格上规范各公职人员的行政行为，使政府行政行为规范化建设通过各"个体"达到政府整体行为，达到对社会、公民行为的规范、调整。

在现代复杂多变的社会中为满足不同群体的利益需求，上述为政思想已难以适应，必须提高勤政制度的整体效益，因此，在勤政制度建构中应遵循高效率导向，对其进行评价时则要坚持定量分析与定性评价、显绩与潜绩、过程与结果相结合。那么高效率的勤政制度如何形成，其目标指向于何方呢？古语说："天地交，而后能成化育之功；上下交，而后能成和同之治。"要加强对官员勤政能力的实践锻炼，必须眼睛向下，重心下移，紧贴基层，积极选派官员到农村、社区、企业进行实践锻炼，到最困难的地方去，到群众意见多的地方去，到工作推不开的地方去。听民声，方能知民生，官员们应该知人意、知地意、知民意，"知县"、"知州"、"知府"之说即源于此，所以，勤政制度构建必须重视民意，体察民情，关注民生，紧贴民心，提升调查研究的能力，深入实际，深入群众，掌握实情，了解民意，加强典型调查、专题调查和系统调查，实现"天线"与"地线"的对接。提升沟通交流的能力，说心里话，说实在话，说内行话，提升解决问题的能力，注重思想、政策、法律、经济等手段的综合运用，因地制宜、因人而异地解决问题。

（三）建构利益激励的勤政制度

"理智告诉我，徒有慈悲心肠并不能承担起可行的变革责任。无论我们在从高山之上带回的石碑上刻下何等富有智慧的语言，人们依然会崇拜他们的金牛犊，我们需要使变革适应人的天性而非盲目地认为相反的情形是可能的"①。制度建构亦是如此,勤政制度的建构也应从确证、肯定和发展公务员自己为主轴,从人的天性出发,以利益进行驱动,而不是以假、大、空的道德教化进行没有实质作用的外在观念引导。利益不会撒谎。利益是人类社会生活的永恒主题,大凡有人类触角伸入的领域,利益便会以不同面目呈现,指导人们以理性的思维做出相应的行为,争取自身利益最大化。利益是自我存在的一种确证,是评判自身社会价值和个人价值的一种标杆。考夫曼认为,"所有权是一种行为,是人的自我实现。人指不出任何事物是自己的,就不可能是完整意义的人"②。勤政制度虽然很大程度上有道德教化的味道,但是要正常运行必须诉诸于利益驱动的指向。因为伦理道德作为一种社会规范,其作用在于促进人的自我完善,但是在本质上却与人们的实际利益息息相关,在社会层面上它塑造利益观念,再现利益关系,确认利益主体,调整利益结构,供给利益实现方式,其规范制约作用的发挥都不是盲目的,它在深层次上反映了社会中的政治利益、经济利益、文化利益,而且这些利益中尤以实实在在的现实利益最为明显,以经济利益与人们的关系最为密切。因而"现实利益无非是占有能够被消费的物,如果不能获得现实利益,如果现实利益的获得不能得到基本保障,人作为一个自然生命有机体都无法保存,更遑论自我的完善超越,所以利益是人的自我完善的基础"③。在这一点上利益同伦理一样,都是人自我完善不可或缺的基础构件。在个体层面上,社会成员行为处事的伦理原则无一例外都是经济人的理性原则,他们有所为有所不为的出发点并不是那些美好高尚却实用匮乏的道义标准,而是冷冰冰的利益关系。利益的基础在于人们的现实需要,按照马斯洛的需求层次理论,既有最基本的生理需要、安全需要、情感和

---

① 肯·宾默尔:《博弈论与社会契约》,上海财经大学出版社2003年版,第84页。
② 考夫曼:《法律哲学》,刘幸义等译,法律出版社2004年版,第266页。
③ 崔宜明:《道德哲学》,上海人民出版社2006年版,第255页。

第五章 走向善政：勤政之路何以实现

归属的需要，也有较高层次的尊重的需要、自我实现的需要。即是说，利益衍生于人类的现实需要，现实需要构成人类的利益诉求，有何种需要就会有何种利益，有何种利益就会有何种道德，因而利益是道德的基础，人们不懈追求的所谓真善美，也就是在不断寻求利益，真善美即是利益。从这个角度来说，伦理道德关系无非就是利益关系。官员作为一种职业角色，仍未脱离作为人应有的基本属性，追寻利益仍是其一部分追求，无论这种利益是现实的物质利益还是有着相对隐晦的伦理道德指向的精神利益。也就是说，"人创造道德并不仅仅是为了约束自己，更不是为了要和自己过不去，而是为了确证、肯定和发展自己"①。这个意义上来说，勤政制度的构建必须以利益进行相应的驱动诱导，仅仅凭主观教化，内在动力明显不足，此时引入外部激励，"鲶鱼效应"可以产生。"良好的道德评价机制能够使符合道德规范的行为得到肯定，受到社会舆论的赞扬；使违反道德规范的行为受到一定程度的惩罚，承担舆论压力，付出代价"②。可以说，从利益驱动角度去建构勤政制度，不仅是良好的道德评价机制，更是良好的制度约束机制，以奖惩作为勤政与否的后果导向，从而实现正面引导、反面禁戒，最终实现行政人员的勤政为民。在物质利益的勤政制度建构上可以给予勤政官员以升迁和相应的奖金，在精神利益的驱动上可以给予表彰和宣传，总之从人性化的角度去满足他们的需要。

正如斯宾诺莎所说："幸福并非美德的回报，而是美德本身；我们愉悦并非控制住了自己的欲望，相反，是因为我们感到愉快才控制住了自己的欲望。"③唯有通过以利益进行驱动，使官员们感到勤政能够给自己带来幸福，这种勤政制度才能起到相应的引导、激励和约束作用，如此，走向勤政为民的善政之路亦为时不远矣。

---

① 肖雪慧等：《主体的沉沦与觉醒》，贵州人民出版社1988年版，第22页。
② 冯相红：《新时期官德建设探析》，《中国党政干部论坛》2007年第4期。
③ 肯·宾默尔：《博弈论与社会契约》，上海财经大学出版社2003年版，第127页。

参考文献

1. 《论语》。
2. 《孟子》。
3. 《荀子》。
4. 《尚书》。
5. 《左传》。
6. 《管子》。
7. 《礼记》。
8. 《资治通鉴》。
9. 《马克思恩格斯选集》，人民出版社1995年版。
10. 《列宁选集》，人民出版社1995年版。
11. 《毛泽东选集》，人民出版社1991年版。
12. 《邓小平文选》（1-3卷），人民出版社1994年版。
13. 罗国杰主编：《伦理学》，人民出版社1990年版。
14. 高兆明：《道德生活论》，河海大学出版社1993年版。
15. 肖群忠：《君德论》，甘肃人民出版社1995年版。
16. 陈平、谭维克：《权力与道德》，求实出版社1989年版。
17. 李建华：《罪恶论——道德价值逆向研究》，辽宁人民出版社1994年版。
18. 俞可平：《治理与善治》，社会科学文献出版社2000年版。
19. 王文升主编：《中国廉政勤政故事》，中国方正出版社2007年版。
20. 苏国勋：《理性化及其限制——韦伯思想引论》，上海人民出版社1988年版。
21. 王国宇、黄先禄：《为官之道》，广西师范大学出版社1996年版。
22. 周月英：《中国仕人》，甘肃人民出版社1997年版。
23. 高兆明：《存在与自由：伦理学导论》，南京师范大学出版社2004年版。
24. 徐梓：《官箴——做官的门道》，中央民族大学出版社1996年版。

25. 王沪宁：《比较政治分析》，上海人民出版社1987年版。

26. 李建华、周小毛：《腐败论——权力之癌的"病理"解剖》，中南工业大学出版社1997年版。

27. 周振想：《权力的异化与遏制》，中国物资出版社1994年版。

28. 孙哲：《权威政治》，复旦大学出版社2004年版。

29. 卢风、肖巍：《应用伦理学导论》，当代中国出版社2002年版。

30. 施雪华：《政府权能理论》，浙江人民出版社1998年版。

31. 樊浩：《中国伦理精神的历史建构》，江苏人民出版社1992年版。

32. 李泽厚：《论语今读》，上海三联书店出版社2008年版。

33. 柯武刚、史漫飞：《制度经济学》，韩朝华译，商务印书馆2000年版。

34. 杨建祥：《中国古代官德研究》，上海古籍出版社2004年版。

35. 杨建祥：《儒家官德论》，江西人民出版社2007年版。

36. 张梦义、喻承久：《官德论》，武汉工业大学出版社1999年版。

37. 李钟麟：《柳宗元官德研究》，广西人民出版社2006年版。

38. 肖雪慧等：《主体的沉沦与觉醒》，贵州人民出版社1988年版。

39. 孙英、吴然：《经济伦理学》，首都经济贸易大学出版社2005年版。

40. 邢瑞煜：《官德建设论》，新疆人民出版社2004年版。

41. 崔宜明：《道德哲学》，上海人民出版社2006年版。

42. 邵景均、田莉：《古今官德五字谈》，济南出版社1998年版。

43. 杨恩章：《官德与官能修养》，解放军出版社1998年版。

44. 黄正新：《官箴集要》，中央编译出版社2011年版。

45. 周长城：《社会发展与生活质量》，社会科学文献出版社2001年版。

46. 刘来佶：《官文化批判》，中国经济出版社2011年版。

47. 翁礼华：《求官食禄：解读官史四千年版》，浙江古籍出版社2006年版。

48. 北塔：《曾国藩官学》，九州出版社2010年版。

49. 丁建定、魏科科：《社会福利思想》，华中科技大学出版社2005年版。

50. 张小稳：《魏晋南北朝地方官等级管理制度研究》，九州出版社2010年版。

51. 阎步克：《从爵本位到官本位》，上海三联书店出版社2009年版。

52. [古希腊]亚里士多德：《政治学》，商务印书馆1981年版。

53. [荷兰]斯宾诺莎：《伦理学》，商务印书馆1958年版。

54. [美]罗尔斯：《正义论.何怀宏等译》，中国社会科学出版社1988年版。

55. [法]卢梭：《论人类不平等的起源》，高修娟译，上海三联书店出版社2009年版。

56. [法]孟德斯鸠：《论法的精神》，商务印书馆1982年版。

57. [德]黑格尔：《精神现象学（上卷）》，商务印书馆1983年版。

58. 考夫曼：《法律哲学》，刘幸义等译，法律出版社2004年版。

59. 杰弗里·托马斯：《政治哲学导论》，顾肃等译，中国人民大学出版社2006年版。

60. 卡尔·施米特：《政治的概念》，刘宗坤等译，上海人民出版社2004年版。

61. 霍华德·威亚尔达：《比较政治学导论：概念与过程》，娄亚译，北京大学出版社2005年版。

62. 肯·宾默尔：《博弈论与社会契约》，上海财经大学出版社2003年版。

63. 阿兰·斯密德：《制度与行为经济学》，刘粲等译，中国人民大学出版社2004年版。

64. 塞缪尔·P·亨廷顿：《变革社会中的政治秩序》，王冠华等译，上海三联书店出版社1989年版。

65. 列奥·施特劳斯、约瑟夫·克罗波西：《政治哲学史(上)》，河北人民出版社1993年版。

66. 约翰·斯图亚特·穆勒：《功利主义》，叶建新译，九州出版社2007年版。